中学生态文明教育

ZHONGXUE SHENGTAI WENMING JIAOYU

主 编◎冯忠跃 李 雄

编 著◎"绿水青山"视野下的中小学环境保护教育实践研究课题组

星球地图出版社
STAR MAP PRESS

图书在版编目（CIP）数据

中学生态文明教育 / 冯忠跃，李雄主编． — 北京：星球地图出版社，2023.5

ISBN 978-7-5471-2702-5

Ⅰ．①中… Ⅱ．①冯… ②李… Ⅲ．①生态文明－中学－教材 Ⅳ．① G634.981

中国国家版本馆 CIP 数据核字 (2023) 第 000038 号

中学生态文明教育

主　　编	冯忠跃　李　雄
副 主 编	成　凤　刘　昂　刘丹丹　董文文
编　　著	"绿水青山"视野下的中小学环境保护教育实践研究课题组
统　　稿	冯忠跃
责任编辑	张九零
装帧设计	武　娜
出版发行	星球地图出版社
地址邮编	北京市北三环中路69号　100088
印　　刷	北京市荣海印刷厂
开　　本	787毫米×1092毫米　1/16
印　　张	16.5
版次印次	2023年5月第1版　2023年5月第1次印刷
书　　号	ISBN 978-7-5471-2702-5
审 图 号	GS京（2022）1083号
定　　价	98.00元

如有残损　随时调换　发行部电话：010-82028269

版权所有　侵权必究

编者序

《周易·贲卦·彖传》说:"刚柔交错,天文也。文明以止,人文也。观乎天文,以察时变;观乎人文,以化成天下。"是故古之圣人,必先观天地之道,后察人心之理,进则以德化其民,遂成文明。中华文明源远流长、厚重精深、博大浩瀚,钱穆先生认为"天人合一"是其核心精髓。阐释人在天地间的位置及责任,便成为了中华传统文化的精髓。

生态文明,是以人与自然、人与人、人与社会和谐共生、良性循环、全面发展、持续繁荣为基本宗旨的社会形态。

2005年8月15日,时任浙江省委书记的习近平同志在浙江省安吉县余村考察时首次提出"绿水青山就是金山银山"理念,生动形象地揭示了经济发展和生态环境保护的关系,指明了实现发展和保护协同共生的新路径。党的十八大以来,以习近平同志为核心的党中央将生态文明建设放到治国理政的重要位置,以"绿水青山就是金山银山"理念为先导,推动我国生态环境保护发生历史性、转折性、全局性变化。习近平总书记在十九大报告中指出,坚持人与自然和谐共生,必须树立和践行"绿水青山就是金山银山"的理念,坚持节约资源和保护环境的基本国策,像对待生命一样对待生态环境,统筹山水林田湖草系统治理,实行最严格的生态环境保护制度,形成绿色发展方式和生活方式,坚定走生产发展、生活富裕、生态良好的文明发展道路,建设美丽中国,为人民创造良好生产生活环境,为全球生态安全作出贡献。

生态文明建设是一个长期任务,需要持续努力,久久为功。我国力争2030年前实现碳达峰,2060年前实现碳中和,这是党中央经过深思熟虑作出的重大战略决策,事关中华民族永续发展和构建人类命运共同体。理念上,要贯彻新发展理念,坚持系统观念,把节约能源资源放在首位,加强风险识别和管控,处理好发展和减排、整体和局部、短期和中长期的关系;执行上,要坚持全国统筹,强化顶层设计,发挥制度优势,压实各方责任,坚持政府和市场双手发力,在改革创新中推进落实;格局上,要加强国际交流合作,有效统筹国内国际能源资源,在构建新发展格局中共筑人类生态文明之基。

一、绿水青山，教育为先

为全面落实习近平总书记有关生态文明的重要讲话精神，提高广大中小学学生生态文明意识，培育绿色生活方式，四川省教育科学研究院组织成都棠湖外国语学校等单位，共同申报并立项了2019年四川省教育科研课题——《"绿水青山"视野下的中小学环境保护教育实践研究》。课题组以"绿水青山，教育为先"为理念，整合学校和社会资源，结合国家课程、地方课程和校本课程，以学校建设、学科融合、研学旅行、社会实践等手段，逐步引导学生树立"绿水青山就是金山银山"的绿色发展观，认识良好生态环境是最普惠的民生福祉的基本民生观，把握山水林田湖草是一个生命共同体的整体系统观，从而培养学生深刻理解尊重自然、顺应自然和保护自然的理念，培养学生树立正确的生态观与发展观。

参与课题研究的学校在一年多的时间里，积极响应习近平总书记有关生态文明建设的重要指示，努力探索生态文明教育进校园的新路径，以教育人的高度责任感和使命感践行生态文明教育和可持续发展教育，为我省广大中小学校开展生态文明教育，提供了很好的教学范式。

二、绿色文化，引领示范

绿色，是植物的颜色，也是自然界中常见的颜色，在我国文化中还有生命的含义，可代表自然、生态、环保等。绿色因为与春天有关，所以象征着青春，也象征着繁荣，此外还代表清新、希望、和平、自然、成长、生机等。绿色课程是指学生通过实践参与，能在生态文明、环境保护和生命探究等方面得到教育，达到社会教育和学校教育的有机结合，完成对课本文化学习的系统补充。学生进入山区或者农庄，真正与大自然深入接触，进行有效的生活体验，将课堂学习延伸至社会生活中，将文化知识与现实世界相互印证，在生态环保与资源节约方面产生更深刻的认知，并且尝试利用所学知识开展系列环保实践活动，如蒙顶山中华茶文化研学之旅、成都植物园科普研学、成都大熊猫繁育基地考察、海洋馆海洋生物探究、有机农场农耕文化研学、现代农业科技创新研学等。

建设"绿色生态学校"是国际通行的学校环境管理典范，推进"绿色生态学校"的建设，旨在完善保护环境的学校育人管理体系，必将使长期身处其中的学生受到持续的、潜移默化的影响。《全国环境宣传教育行动纲要（1996年—2010年）》提出创建"绿色学校"，《全国环境宣传教育行动纲要（2011年—2015年）》提出探索"环境友好型学校"实施规范和指导标准。在以上纲领性文件的指导下，成都棠湖外国语学校引导全校师生积极参与"绿色学校""环境友好型学校"建设，成为"成都最美校园""四川省文明单位"。梳理校园绿化、完善校园布局，制定校园环境卫生、垃圾分类处理、节约水电等校园环境建设、整治的标准，同时落实充分使用校舍、减少垃圾数量、少用甚至不用一次性餐具与办公用品、进行水电煤的能耗监测与节能降耗等方面的管理措施。简而言之，就是倡导科学发展，将减少垃圾、重复使用、循环利用等诸多举措贯穿于整个学校的教育管理工作中。

三、学校教育，课程重建

学校作为先进思想的传播阵地，更应当从学生教育抓起，让学生认识到环保不仅是一个人的事，更是事关家乡、祖国、世界和人类持续发展的大事。

课题组认为，生态文明教育以提升学生的社会责任和科学素养为目标，是一门兼有自然科学和社会科学的综合性课程。该课程包含了思想理念、科学技术、实践指导三个层次，结合了政、史、地、生、语、数、外、物、化等基础学科，同时兼顾音乐、美术、信息技术、体育等课程，内容全面，涵盖生态文明、水环境、大气环境、土壤环境、生态系统、固废问题、噪声控制、环境管理、生态理念、绿色能源等方面，采用常规授课、案例分析、科学调研、实验报告和实景参观等方式进行教学。

在新课程背景下，中小学在国家的三级课程中融入"绿水青山"的生态文明教育，是比较直接且有效的路径，如语文学科的《自然在说话》，物理学科的《我身边的光污染》，化学学科的《争做低碳先锋》，历史学科的《化学武器对人类及环境的影响》，地理学科的《图说"绿水青山"》，生物学科的《验证绿色植物能净化空气》，美术学科的《大自然的色彩》等。

2016年11月，教育部、国家发展改革委等11部门印发《关于推进中小学生研学旅行的意见》。2017年9月，教育部印发《中小学综合实践活动课程指导纲要》。根据《意见》和《纲要》的精神，明确包括研学旅行在内的综合实践活动是国家义务教育和普通高中课程方案规定的必修课程，与学科课程并列设置，是基础教育课程体系的重要组成部分。在这个背景下，成都棠湖外国语学校积极进行研学旅行校本课程的研究与开发，结合省内外的自然资源、风土民俗等情况，联系本校的校情、学情，探索出以《成都棠湖外国语学校"三色课程"》为代表的校本研学课程体系，其中"绿色课程"与"绿水青山"理念完全相契合。

此外，课题组还联合试点学校的德育处、校团委等部门，积极通过各种橱窗、宣传栏等媒介以及升旗仪式、志愿者服务等各类学生活动，开展环保教育，进行环保宣传。除了采用环境教育课程、学校环境管理、校园文化建设、其他课程渗透、专题讲座等方式外，还成立了环境社团或环境协会等，为学生提供了广泛的环境保护实践和环境教育实践的机会。

2002年，我国政府发表了《中华人民共和国可持续发展国家报告》，环境与可持续发展教育纳入国家教育计划的轨道，成为我国教育发展的一个重要组成部分。2003年11月，在参考世界各国环境保护与环保教育的发展情况基础上，结合我国具体的环境实情，根据中小学生的身心发展特点，教育部颁布了《中小学环境教育实施指南》的试行文件，规定了中小学环境教育的基本理念、目标与内容。

学校环境教育能否顺利实施、能否取得预期效果，关键在教师。即使没有设置专职环境教育教师，但是学科教师经过大量的、持续贯通的培训，足以凭借学科知识特性成为合格的环境教师。对学科教师进行环境教育培养的目的应该包括两方面，一是帮助学科教师形成积极的环境态度、掌握系统的环境知识、践行对环境友好的生活方式；二是使他们掌握实施环境教育的基本知识与技能。唯有如此，每个教师才能真正将环境教育融入所教学科、共同参与建设"绿色学校"、有效开展各项环境教育活动，理想的学校环境教育效果指日可待。

"绿水青山，教育为先"。生命起源于自然，坚持生态，达到人与自然的和谐统一，才能让"绿水青山"带来源源不断的"金山银山"。从教育层面出发，引领新时代环保教育新理念、新方法，这是中华民族生态文明发展模式中一个必然实现的中国梦。当然，要使教育这一生态系统内部得到健康运行，就必须准确认识教育生态系统各组成部分互相联系和互相作用的原理和机制，尽可能使教育生态系统形成最佳的结构形态，发挥出最佳功能。因此，我们所有教育工作者还需要有很多的思考和探索，在教育改革的浪潮中不断前行。

2019年四川省教育科研课题
——"绿水青山"视野下的中小学环境保护教育实践研究课题组
2021年4月于成都

目 录

第一篇　"绿水青山"视野下的语文教育 …………… 1
案例1　自然在说话 …………………………………… 5
案例2　青青田园，悠悠我心——生态视域下的田园诗教学 …… 8
案例3　凡人伟力植树木，用心创造新家园 ………………… 12

第二篇　数学中的环境教育 ……………………… 15
案例1　节能从我做起 ………………………………… 18
案例2　绿色迎大运 …………………………………… 23
案例3　青山绿水本有情，莫等枯竭空悲切 ………………… 28

第三篇　英语在环境保护中的作用 ……………………… 33
案例1　Environmental Pollution around Us——Air Pollution …… 36
案例2　Environmental Pollution around Us
　　　——Global Warming（Reading） ……………… 42
案例3　What Can We Do to Protect Our Environment？
　　　（Writing） ………………………………… 48

第四篇　物理的科学精神与生态文明意识 ……………… 54
案例1　远离噪声 ……………………………………… 57
案例2　我身边的光污染 ………………………………… 63
案例3　节约用水、减少水污染，从点滴做起 ……………… 69
案例4　汽车能源利用与环境 …………………………… 75
案例5　认识家用电器的能效标识 ……………………… 80

第五篇　化学的绿色使命 ·············· 84

案例1　清洁水资源 ·············· 87
案例2　争做低碳先锋 ·············· 91
案例3　将废旧手机"变废为宝" ·············· 97
案例4　让人头痛的白色污染 ·············· 103
案例5　被忽视的污染源——实验室污染 ·············· 108

第六篇　道德与法治和生态文明 ·············· 112

案例1　建设美丽中国——发展中的人口 ·············· 116
案例2　建设美丽中国——发展中的资源 ·············· 124
案例3　建设美丽中国——发展中的环境问题 ·············· 131

第七篇　从历史看人与自然 ·············· 139

案例1　塑料，人类的蜜糖还是砒霜 ·············· 144
案例2　走"绿色GDP"道路——"坚持绿色发展"理念 ·············· 149
案例3　化学武器对人类及环境的影响 ·············· 155

第八篇　地理教学中的"绿水青山" ·············· 160

案例1　图说"绿水青山" ·············· 165
案例2　一江清水向东流 ·············· 168
案例3　图话双流土地资源 ·············· 172
案例4　绿色"天路" ·············· 177
案例5　攀枝花的前世今生 ·············· 182

第九篇　中学生物中的可持续发展教育 ·············· 185

案例1　生物圈伟大的生产者
　　——绿色植物光合作用的产物为生物提供必需的物质和能量 ···188

案例2　验证绿色植物能净化空气……192
案例3　水循环的原生动力——蒸腾作用……196
案例4　植物的根系与水土保持……200
案例5　崛起的"绿色长城"……204

第十篇　在音乐中感受自然的美……208
案例1　非洲的呼唤……210
案例2　唢呐名曲《百鸟朝凤》……213

第十一篇　体育锻炼中的环境保护意识……218
案例1　废物再利用，环保进课堂……219
案例2　体育健康的环保达人……222

第十二篇　美术课程中的生态文明画卷……226
案例1　环境保护，我们在行动——招贴画的设计……229
案例2　大自然的色彩……233

第十三篇　信息技术与生态文明……237
案例1　用数字故事讲述"绿水青山"……239
案例2　描绘美丽的大自然……246

参考资料……251

绿色出行

第一篇
"绿水青山"视野下的语文教育

一、在"绿水青山"视野下进行语文教育的意义

环境与发展作为当今世界共同关心的重大问题，关系到一个国家或民族的发展与繁荣，而坚持节约资源和保护环境是我国的基本国策。在环境被肆意破坏的今天，提高全民的环境保护意识，具有重大而深远的意义。中学阶段是影响一个人成长和发展的关键时期，因此，在中学教育中培养学生的环境保护意识势在必行，这也是新课程标准中的一项重要内容。

语文学科作为基础性学科，对于提高学生的思想道德素质和科学文化素质，培育有理想、有道德、有文化、有纪律的社会主义公民具有无可替代的意义。语文教育与环保教育密切联系，因为热爱环境、保护环境是道德素质的一个重要方面，而且环境科学知识也是科学文化知识的重要组成部分。

共建绿色文明

语文课程内容丰富、形式多样，与政治、历史、地理、生物等各学科皆有关连，涵盖生态文明、环境保护、社会平等、物种多样性等主题，可谓包罗万象。因此，提高学生对生态文明的认识与重视，增强学生保护环境的意识，强化学生可持续发展的观念，语文教育有着不可或缺的作用。

二、在"绿水青山"视野下进行语文教育的途径

1. 寓教于课堂，充分挖掘课堂中的资源

课堂是教育的主阵地，是学校实现教育目标的基本形式和主要途径。语文课堂内容丰富，涉及动物、植物、风景、名胜古迹等多方面。

在《动物笑谈》中感受作者对生命的尊重，学会与自然万物和谐相处；在《春》《济南的冬天》中领略自然之美，拥有洞察身边美好景色的体悟力，均可以作为可持续发展的教育内容。语文形式更是千变万化，有记叙文、说明文、议论文等多种文体。既可以通过浓郁抒情的《大雁归来》等说明文，引导学生深思人与自然的关系；也可以采用写信、写倡议书、写活动邀请函等，将各种语言训练与环境教育完美融合。课堂上聚焦到一个环境教育的主题，充分挖掘利用好课程资源，便可以很好地渗透"保护生态平衡"和"可持续发展"等环境教育的内容。

2. 活跃在课外，积极开展课外活动建设

语文的外延即生活，课外综合性活动也是语文教学必不可少的组成部分。巧妙地利用好学生的课外时间，会有令人更意想不到的收获。可以引导学生深入调查身边环境的具体情况，以专题形式撰写调查报告；可以鼓励学生以诗歌、散文等形式呈现自然风光的美好；可以引导组织学生参与面向社会的环保宣传，如根据课文中了解到的环境知识编写环保故事、拍摄公益短片，或给社区及单位写关于环境保护的宣传稿、倡议书等，这样既可以不断提高学生的语文能力，也可以增强他们的环保意识。

《义务教育语文课程标准（2011年版）》中提到：语文课程应该适应和满足社会进步与学生自身发展的需要，提高文化品位、审美情趣和思想道德修养，为培养未来公民生存与发展的能力，提高国民素质发挥奠基作用。所以语文学科渗透环境保护教育是必须、必然可行的。我们教师要有"绿水青山"的视野，有看向远方的目光，充分挖掘利用语文课程中关于环境保护的教育资源，不断激发和培养学生保护环境的责任感、使命感，树立"绿水青山就是金山银山"的可持续发展环境保护理念，促进人与自然和谐共生。

附表：义务教育教科书《语文》（部编版）七～九年级与可持续发展教育有关内容梳理

环境议题	教材课文	涉及环境的内容
热爱自然、欣赏自然环境之美 通过对自然环境的描绘，唤起同学们对自然环境的关注和热爱	七年级上册第1课《春》 七年级上册第2课《济南的冬天》 七年级上册第3课《雨的四季》 七年级上册第17课《动物笑谈》 八年级下册第17课《壶口瀑布》 九年级上册第1课《沁园春·雪》 九年级上册第12课《湖心亭看雪》 综合性学习	• 春天自然美景，赞美春天 • 冬天济南的自然景观 • 用诗一般的语言，描绘四季雨后的世界，欣赏赞美自然之景 • 敬畏生命敬畏自然，科学的自然研究态度 • 描绘了黄河中游秦晋大峡谷中间壮观无比的壶口瀑布，欣赏自然景观 • 描写北国雪景，展现山河壮丽 • 表现西湖雪后的洁净之美，人与自然的和谐统一 • "寻找校园四季"：在校园内漫步，仔细观察具备某个季节特色的景物特点，写成散文诗或散文片段 • 拓展阅读《所罗门王的指环》，了解人与动物之间相处的和谐、理想的状态
认识自然、保护自然 人类在不断认识自然的过程中，探究自然的奥秘，寻找与之相处的方式 通过这些课文让学生正确认识人与自然的关系，了解人类在与自然环境相处时所作出的尝试和努力，培养学生科学的探究精神，使学生树立可持续发展的环保意识	七年级上册第13课《植树的牧羊人》 八年级上册第5课《大自然的语言》 八年级下册第7课《大雁归来》 九年级下册第7课《溜索》 综合性学习	• 描绘了荒漠变绿洲的传奇，人类如何改变环境、保护环境 • 以专业的角度写出了大自然各种现象之间的联系，增加对自然科学知识的了解 • 介绍了大雁的生活习性以及生活环境，以极具浪漫的笔调书写了一曲环保的诗歌 • 人在自然面前接受挑战，战胜艰险 • 大自然的语言——中国节气介绍 • 观察校园周围环境破坏的现象，写一则规范的新闻或公众号推文，发布到校园网或校园公众号，号召大家加以重视

(续表)

环境议题	教材课文	涉及环境的内容
环境与文化 人类与自然共生共荣，人类归顺于自然，自然启发着人类。面对深沉、广袤的自然界，人类在漫长的历史长河中进行了许多关于自然的思考与探究，形成了我们人类文明中不可或缺的一部分。通过学习这些课文，让学生深刻体会自然与人类文明相互交融的魅力	七年级上册22《杞人忧天》 七年级下册5《黄河颂》 八年级下册第20课《一滴水经过丽江》	• 关心自然环境与人类日常生活的关系 • 写出了黄河的奔腾豪迈气势。用象征的手法歌颂了伟大的中华民族，激励中华儿女像黄河一样"伟大坚强" • 以"一滴水"这一自然视角介绍了丽江古城这一人文景观，视角新颖别致，体现了人与自然的和谐统一
环境与人生 大自然中的万物，悄然无声地生长着，它们默默无言，但无声胜有声。人们通过观察自然、亲近自然、探索自然、感悟自然等一系列活动，感受到了很多人生哲理、生命真谛。这些文章通过写人与自然的互动，启发同学们对人生的思考	七年级上册第6课《散步》 七年级下册第17课《紫藤萝瀑布》 七年级下册第18课《一棵小桃树》 七年级下册第21课《伟大的悲剧》 写作训练	• 描绘了初春田野的美丽与生命力，表达了对生命的思考 • 写出了紫藤萝花的旺盛生命力，引发人们关于"生命""时间""生命力"的哲理思考 • 写一棵与命运顽强作斗争的小桃树，表达作者对其赞美之情。这棵小桃树变成幸福和希望的化身 • 斯科特队在南极探险，最终不幸遇难。表现了人类探索自然的伟大精神。 • 留心观察身边的自然景物，学会写景状物的手法，能借助自然景物抒发个人情怀

案例 1

自然在说话

活动意图

人与自然是生命的共同体，人类必须尊重自然、顺应自然、保护自然。

但随着人口的增多，人类活动的日趋频繁，空气污染、土壤沙化、水土流失、温室效应等问题都在加剧。为此，我们应当意识到维护生态平衡的重要性，树立和践行"绿水青山就是金山银山"的理念，倡导简约适度、绿色低碳的生活方式。而语文学科对于提高学生对生态文明的认识与重视、强化学生可持续发展的观念有着得天独厚的优势，为此加强生态文明在中学语文课堂中的渗透是很有必要的。

★活动年级

八年级

★活动目的

1. 让学生意识到人类活动对环境造成的危害日益加剧，反思和改变人类破坏自然的行为。

2. 引导学生树立和践行"绿水青山就是金山银山"的理念，增强环保意识，倡导简约适度、绿色低碳的生活方式。

★活动准备

1. 教师准备一段视频：公益短片《大自然在说话》。

2. 学生准备一张图片或一段视频：拍摄或搜集与"大自然的语言"相契合的照片，在照片背面写下拍摄或创作意图。条件允许的情况下，录制一段在特定场景中朗读的视频。

★活动步骤

1. 看一段视频

教师播放以大自然为"第一人称"的公益短片《大自然在说话》，学生结合人类对自己行为的思考，讨论交流观后感，培养关爱环境的意识。

2. 仿一段文字

学生可仿照视频解说词，仿写一段话、一首小诗或一篇散文，进行诗情画意的描述。

3. 录一段朗读

学生可配上合适的音乐、图片，录制朗读。文字资料和图片资料、背景音乐相配合，更能吸引人的目光。

4. 拍一张照片

学生拍摄或搜集一张身边或者报刊中有关环境保护方面正反面事例的照片，在照片背面写下你的感受。

★ **活动成果**

学生作品

★ **活动资料**

《大自然在说话》是一部以大自然为"第一人称"的公益短片,由国际性非盈利环保组织——保护国际基金会出品。该片中文版配音阵容十分耀眼,蒋雯丽、姜文、葛优、陈建斌、周迅、濮存昕、汤唯分别为大自然母亲、海洋、雨林、土地、水、红木、花发声。

该片以独特的大自然视角,让人类倾听大自然的声音,引发人类对自己行为的思考,并倡导人类要有关爱环境的意识。以下是"土地"中文版解说词。

我是土地
我在高山上、山谷中
农场里、果园间
没有我,人类无法生存
而你们却把我看得一文不值
你们可曾意识到
我就好像这地球的皮肤
只有薄薄的一层
我也是有生命的
你们的食物能够生长
全靠我提供丰富的营养
但是我被你们过度利用
过度开发,被侮辱,被损害
就是因为你们
我只剩下不及一百年前一半的厚度
你们注意到了吗
我正在逐渐化为一片荒芜
或许你们能够
对我多一些尊重吧
我猜你们不想饿肚子
对吧

案例 2

青青田园，悠悠我心
——生态视域下的田园诗教学

活动意图

　　我们处在一个和谐发展的社会，讲究自然与自然之间，人与自然之间，人与人之间的和谐发展，和谐思想深入人心。生态视域下的田园诗教学，能让学生真正悟出作者蕴涵在诗篇中的热爱祖国山河、热爱人生的情感，也符合当代倡导的和谐中国，绿色中国的理念；能让学生明白"淡泊名利"等一系列典雅、高尚品质的由来，让学生在大自然的感染中从浮躁中静下来、慢下来，进而塑造自身的人文精神，传承中国的传统文化。

★ **活动年级**

　　七年级

★ **活动目的**

　　1. 对比品读同为田园诗派的不同作者的诗歌，让学生更全面、多层次地理解作品，体悟作者的思想风格，对中国古代文学和传统文化有更深入、更系统的了解和认识。

　　2. 带领学生到附近郊区感受乡村气息，或者与家长沟通，家校联合，鼓励家长利用休假时间带孩子到乡村看看，联系相关田园诗词，实地感受田园诗词中的意境。

　　3. 拓展延伸，组织学生比赛背诵更多田园诗词。

★ **活动准备**

　　1. 教师准备一段视频：用老师自己拍摄的风景照片，配乐诗朗诵。如图为油菜花地，老师配乐朗诵《宿新市徐公店》。

　　2. 学生准备一张图片或一段视频：拍摄或搜集一张与某首田园诗相契合的照片，在照片背面写下这首诗歌及其创作思路。条件允许的情况下，可以拍摄短视频，在特定场景中配乐朗诵。

★ 活动步骤

1. 对比品读

引导学生查阅资料，小组讨论并分析归纳田园诗歌代表人物王维、孟浩然田园诗的异同。将成果做成手抄报。

2. 朗读演绎

课堂上播放师生踏青的视频或图片，内容为配乐诗朗诵。交流拍摄制作心得，如谈谈为何用这样的镜头，为何用这首背景音乐等。

3. 想象扩写

学生默写一首自己最喜欢的田园诗，并用自己的语言描绘这首诗歌的画面。各小组推选优秀作品，课堂朗读展示，全班同学讨论、修改、完善。

4. 背诵积累

让学生在老师提供的田园诗词中，选择感兴趣的诗词背诵积累。然后举行"课堂背诵对抗赛"，形式如"飞花令""车轮战"等。

★ 活动成果

学生作品一　　　　　　　　学生作品二

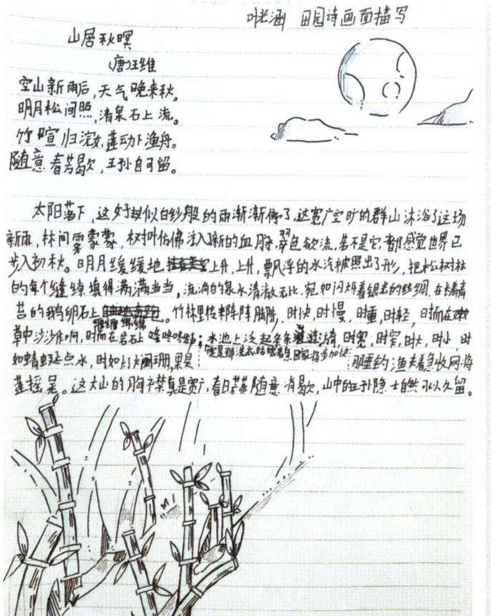

学生作品三

学生作品四

学生作品五

学生作品六

★活动资料

　　我国古代山水田园诗内容丰富，内涵深刻，意境深远。学习山水田园诗的现实意义归纳如下：

　　第一，我国古代山水田园诗中生态文明思想的研究，有助于中华文明的传承，有助于促进我国社会主义精神文明建设。我们可以借助古代山水田园诗的生态文明思想来增强人们的道德意识。

　　第二，我国古代山水田园诗中生态文明思想的研究，有助于在新时期深化对生态文明的认识，对生态文明建设有很多启示。我们可以借助古代山水田园诗中的生态文明思想，提高人们对资源、环境的保护意识。

　　第三，我国古代山水田园诗中生态文明思想的研究，有助于社会主义核心价值体系的构建，对提升我国文化软实力有重要作用。

　　第四，我国古代山水田园诗中生态文明思想的研究，有助于加强我们对马克思主义生态文明观的认识，加深对马克思主义的深刻理解，为我国可持续发展提供理论基础。

案例 3

凡人伟力植树木，用心创造新家园

活动意图

这个世界正在飞速发展，城市扩张的速度比以往任何时候都要惊人。不知从何时起，似乎砍伐树木开展更多建设才是社会发展的主流，然而地球环境进一步恶化，荒漠化加剧，风沙严重，雾霾横行，各类环境问题层出不穷。基于此，我们应当深刻意识到，绿水青山才是真正的金山银山，植树造林才是切实可行的可持续发展之路。

★活动年级

八年级

★活动目的

1. 理解牧羊人所做之事的意义，凡人小事也可为这个世界变得更美好作出巨大贡献。

2. 引导学生关注现实，明白保护环境是人类共有的责任，增强学生的环保意识，重视植树的意义。

3. 思考牧羊人壮举所带来的现实意义，全班合力在学校种植一棵树。

★活动准备

1. 教师：准备两段视频，一段是奥斯卡获奖动画片《植树的男人》，一段是植树全过程；再准备一袋橡树种子。

2. 学生：准备一张思维导图，画出牧羊人种树的全过程以及他所遇到的困难。

★活动步骤

1. 巧配旁白

教师播放无旁白版《植树的男人》，引导学生根据文章内容配出视频旁白，加深对文章的理解。

2. 观察种子

教师分发橡树种子，让学生仔细观察，写下观察记录，小组合作分享；

教师引入牧羊人所选橡树种子的生物知识，明白牧羊人选择这些种子的原因。

3. 画树知难

学生画一棵枝繁叶茂的大树；教师播放植树全过程视频，引导学生对比两段视频中的两种行为，了解牧羊人数十年如一日地植树是一件了不起的事。

4. 荒漠穿行

小组合作分享思维导图，了解牧羊人遇到的困难；教师引入我国土地荒漠化现状，讲述"最美奋斗者"扬善洲植树造林的伟大事迹，加深学生印象。

5. 知难而植

全班合力种植一棵树。

★ 活动成果

学生绘画 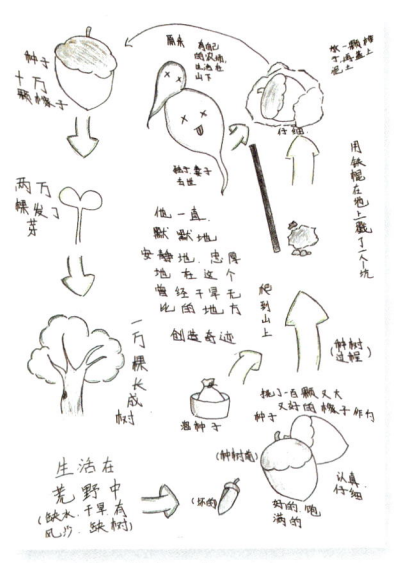　　　　　　　　　学生思维导图

★ 活动资料

1. 橡树：橡树，通常指栎属植物，非特指某一树种，其果实称橡子，木材泛称橡木。由于橡树萌蘖性强，橡材热量大，所以《诗经》中就有"析其柞薪"的记载，它一直是我国最好学的能源薪炭用材之一。发展橡树生物质能源，不仅是我国未来能源发展的一个补充，而且可以进一步加快造

林绿化步伐，提高森林质量，是林业发展新的增长点，能够有效地为农民开辟新的就业渠道、增加群众收入、繁荣农村经济，是实现工业反哺农业、城市支援农村、加快农村小康社会建设的一条有效途径。如果发展6.67万公顷以栓皮栎为主的橡树林，可以储水3.32亿立方米；每年可新增涵养水源能力6 667万吨；每年可滞留灰尘453万吨；每天可吸收CO_2 66 670吨，同时释放O_2 48 666.18吨；12～13年生的麻栎林树冠截留（降雨）率为21.8%～26.35%，较草地减少地表径流75%左右。

2. 荒漠化：《联合国防治荒漠化公约》将荒漠化界定为"包括气候变异和人类活动在内的种种因素造成的干旱、半干旱和亚湿润干旱地区的土地退化"。由于大风吹蚀、流水侵蚀、土壤盐渍化等原因造成的土壤生产力下降或丧失，都称为荒漠化。

3. 荒漠化对健康的潜在影响：因食品和水供应减少而造成的较高的营养不良的危险；因个人卫生差和缺少清洁水而造成更多的水源性和食源性疾病；因风蚀带来的大气降尘和其他空气污染物造成呼吸道疾病；传染病随着人口迁徙而传播。

4. 植树造林：植树造林是新造或更新森林的生产活动，它是培育森林的一个基本环节。2020年上半年，全国绿化委员会、国家林业和草原局科学指导各地各部门在做好疫情防控的同时，积极有序开展春季造林绿化。截至2020年6月底，全国已完成春季造林6 646万亩，占全年造林任务的65.8%；完成重点生态工程造林3 032万亩、草原生态建设1 361万亩。共有4.36亿人次参与了义务植树，植树（含折算）16.9亿株。

5. 杨善洲：杨善洲中共党员，云南省保山市施甸县姚关镇人，1951年5月参加工作，1952年11月入党，曾任云南省保山地委书记。1988年退休以后，主动放弃进省城安享晚年的机会，扎根大亮山，义务植树造林，带领大家植树造林，建成面积5.6万亩、价值3亿元的林场，且将林场无偿捐赠给国家。杨善洲在退休之后，获得了"全国绿化十大标兵""全国环境保护杰出贡献者""全国老有所为先进个人"等荣誉。2011年3月20日，杨善洲同志被中央组织部追授"全国优秀共产党员"称号。2018年12月，党中央、国务院授予杨善洲同志"改革先锋"称号，颁授改革先锋奖章，并获评"不忘初心、奉献一生"的退休干部楷模。2019年9月，杨善洲获得"最美奋斗者"荣誉。

第二篇
数学中的环境教育

数学是人类对事物的抽象结构与模式进行严格描述的一种通用手段，可以应用于现实世界的任何问题。在人类历史发展和社会生活中，数学发挥着不可替代的作用，同时数学也是学习和研究现代科学技术必不可少的基本工具。通过数学课程的学习，学生能够更好地理解人类与其生存环境的关系。因此，可在数学学科知识结构中渗透环境教育，让学生了解生态平衡，了解人类与环境之间的相互关系。

要践行"绿水青山就是金山银山"的理念，核心是依据课程标准，利用教材资源，在综合实践活动中传播生态文明教育，养成"绿水青山"生态文明观。

节约用电

在教学过程中，我们可以根据教学的内容，寻找实施环境教育的途径，有目的地运用科学知识和科学方法揭示数学与环境的关系。比如利用数学课题、活动积极引导、增强学生的环保意识。学科教学和课外活动作为教育整体的组成部分，都能使学校教育功能得以实现，且二者具有优势互补、相辅相成的相互关系。通过动手动脑的数学活动，既能让学生掌握数学知识，又能锻炼其实践和思维能力，还能增强其环保意识，丰富其环保知识，达到一举多得的效果。

《义务教育数学课程标准（2011年版）》提出，"使学生具有初步的人文素养和环境意识"作为新一轮课程改革的培养目标，使得新教材中出现了大量和环境有关的内容。以义务教育教科书《数学》（北师大版）七年级为例，书中出现和环境相关的知识近50处，按主题划分有人口问题、资源问题、污染问题、生物多样性、土地荒漠化、森林面积覆盖等内容。

附表：义务教育教科书《数学》（北师大版）中生态文明相关内容和对应课程标准要求梳理

年级	课标要求	学科知识	内容
七年级上册	• 了解展开图在现实生活中的应用 • 能运用有理数的运算解决简单的问题 • 在生活情境中感受大数的意义 • 经历收集、整理、描述和分析数据的活动，了解数据处理的过程 • 能通过统计图解释数据中蕴涵的信息；通过表格、折线图、趋势图等，感受随机现象的变化趋势	1.2 展开与折叠 2.5 有理数的减法 2.6 有理数加减混合运算 2.7 有理数的乘法 2.10 科学记数法 6.1 数据的收集 6.4 统计图的选择	• 包装盒（纸扇）的制作用料 • 城市气温的比较 • 流花河水文资料和河流水位变化 • 水库水位变化 • 第六次全国人口普查 • 一次性筷子与树木和人口的关系 • 调查节水意识 • 人口统计图
七年级下册	• 了解整数指数幂的基本性质，会用科学记数法表示 • 能用适当的函数表示法刻画简单实际问题中变量之间的关系	1.1 同底数幂的乘法 1.3 同底数幂的除法 3.2 用关系式表示的变量间关系 3.3 用图像表示的变量间关系	• 太阳能与煤的能量比较 • PM2.5 与人体健康 • 碳排放计算 • 气温的变化
八年级上册	• 能用一次函数解决简单的实际问题 • 能根据具体问题中的数量关系列出二元一次方程组确定一次函数表达式	4.4 一次函数的应用 5.7 用二元一次方程组确定一次函数表达式	• 水库蓄水量随时间增加而减少的一次函数关系 • 家庭每月用水量的调查

(续表)

年级	课标要求	学科知识	内容
八年级下册	• 能根据具体问题中的数量关系列出一元一次不等式（组），解决简单问题 • 能结合具体情境，初步认识分式 • 能根据具体问题中的数量关系列出方程，体会方程是刻画现实世界数量关系的有效模型 • 结合实际情境，经历设计解决具体问题的方案，并加以实施的过程，体验建立模型、解决问题的过程，并在此过程中，尝试发现和提出问题	2.6 一元一次不等式组 5.1 认识分式 5.4 分式方程 综合与实践《生态中的"一次模型"》	• 冬季用煤 • 固沙造林 • 治理污水，铺设污水排放管 • 梯度用电
九年级上册	• 根据具体问题的实际意义，检验方程的解是否合理 • 能用反比例函数解决简单的实际问题	2.6 应用一元二次方程 6.3 反比例函数的应用	• 自然保护区覆盖率 • 湿地保护
九年级下册	• 运用图形的轴对称进行图案设计 • 了解直线与圆的位置关系；能用锐角三角函数解直角三角形，能用相关知识解决一些简单的实际问题	3.2 圆的对称性 3.6 直线和圆的位置关系	• 场地绿化、建花坛 • 噪声污染

案例 1

节能从我做起

活动意图

环境教育是使学生认识人与环境的关系，树立正确对待环境的态度，并且鼓励学生积极参与改善环境，促进学生可持续发展观念形成的系统教育过程。以"节能与环保"为课程目标，通过学生参与，获得亲身体验，产生积极情感。教师要大胆放手，为学生创设各种活动情境，安排各种活动场所，使学生在活动中体验并发现平时不被注意的知识，从而培养学生乐于探究、努力求知的心理倾向，激发学生的探索和创新精神。为了学校的更好发展，共建节能型校园，师生要树立节能意识，增强节能的责任心，做到从我做起，从小事做起，逐步形成节约能源、保护环境的良好校园氛围。

★ **活动年级**

八年级

★ **活动目的**

1. 了解数据的收集与整理的一般方法和步骤。

2. 了解随机抽样的方法，了解频率分布的意义，得出一组数据的频率分布。

3. 通过实际观察，记录学校各年级教室电器未关情况，认识节能减排的重要性。

★ **活动准备**

学生准备：作业本、笔、作图工具。

教师准备：①教师复印学生活动页；②教师向学生简要介绍本次活动的目的和方法，将学生分为3—5人的小组，共分12个小组，各个小组分别选取本学校不同的年级（从小学一年级到高中三年级共12个年级），每个年级各抽取十个班作为样本，调查其节能情况。

★ 活动步骤

1. 确定抽取样本的方法并抽取样本

每个小组随机抽取每个年级的十个班级（抽取方法参看教科书），利用中午午休时间去各自抽到的班级（寄宿制学校，学生回宿舍午休），观察记录每个班空调、电脑、电风扇、饮水机的电源是否关闭，将每个班没有关闭电源的电器数量按4、3、2、1、0分类。

2. 记录和分析数据，填写实习报告

每个小组将观察的数据填入实习报告，并进行数据整理与计算，得到频率分布表和频率分布直方图，完成学生活动页。

3. 得出结论

从频率分布和频率分布直方图得出本小组所观察的班级未关闭电源的电器数量，填入表格，并完成表格后面的统计图。

4. 分析，交流，讨论

让12个小组的学生分别展示他们的实习报告，引导学生讨论下列问题。

（1）比较这12个年级的未关闭电源电器数量，说明哪个年级高？哪个年级低？为什么？

（2）未及时关闭电器电源，会产生怎样的不良影响？

（3）你认为应如何做好节能减排的宣传？现在我们学校应该采取什么措施？

5. 小结

教师对学生的发言和讨论作必要的补充，并充分鼓励，表扬认真探索的精神，肯定他们勤于思考、实践的科学态度和方法。应当注意，调查统计的结果并不是最重要的，重要的是，每个学生积极参与并初步掌握统计、抽样调查的方法，以及在活动过程中受到教育和启发。

★ 活动成果

节能从我做起实习报告

学生姓名	尹梓僖			
样本来源	学校各年级教室电器未关的情况		样本容量	120
获取样本方法	每个小组随机抽取每个年级的十个班级（抽取方法参看教科书），利用中午午休时间去各自抽到的班级观察记录每个班空调、电脑、电风扇、饮水机是否关掉，将每个班没有关掉的电器数量按四、三、二、一、零五个等级分类。			

样本数据					
名称＼班级	空调	电脑	电风扇	饮水机	未关电器的总数
初1-1	关闭	关闭	关闭	未关闭	1
初1-2	关闭	关闭	关闭	关闭	0
初1-5	关闭	未关闭	关闭	关闭	1
初2-2	未关闭	未关闭	关闭	未关闭	3
初2-4	关闭	关闭	关闭	关闭	0
初2-7	关闭	关闭	关闭	关闭	0
初1-9	关闭	关闭	关闭	关闭	0
初3-3	关闭	关闭	关闭	未关闭	1
初3-7	关闭	关闭	关闭	关闭	0
初3-9	关闭	未关闭	关闭	未关闭	2

学生活动页成果展示（第一页）

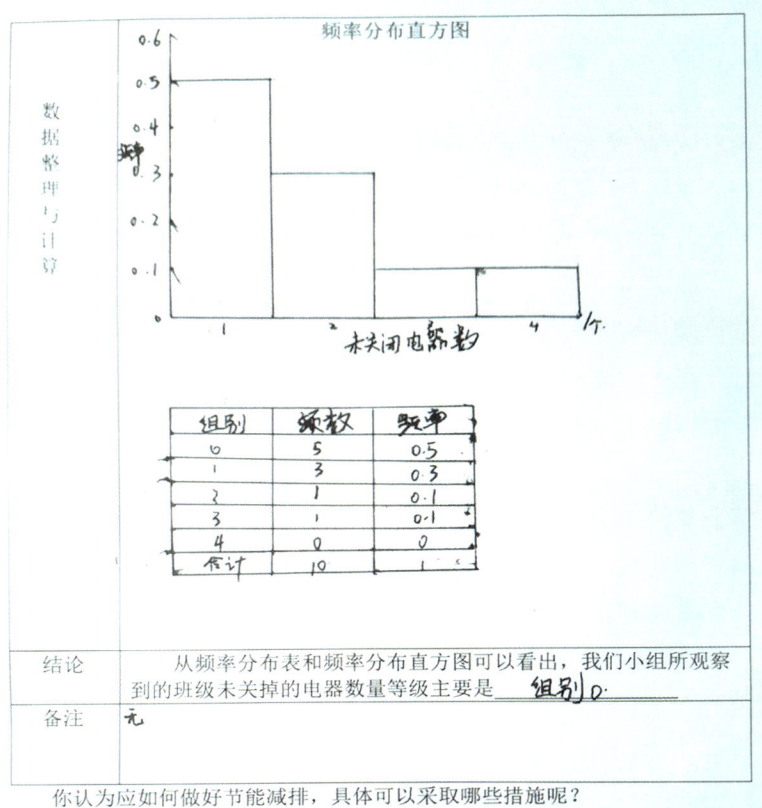

数据整理与计算	频率分布直方图

组别	频数	频率
0	5	0.5
1	3	0.3
2	1	0.1
3	1	0.1
4	0	0
合计	10	1

结论	从频率分布表和频率分布直方图可以看出，我们小组所观察到的班级未关掉的电器数量等级主要是 __组别 0__。
备注	无

你认为应如何做好节能减排，具体可以采取哪些措施呢？

通过调查，我们注意到忘记关闭的最多的电器是饮水器，其次是电脑。这都是不太容易注意到，因此我们认为可以采取的措施是：

1. 加强节约用电的宣传，让同学们能有节能减排的意识；
2. 将注意关闭电器电源作为值日生日常工作进行强调；
3. 设计一种可以提示各种电器开关情况的设备，帮助提醒同学们关闭电源

学生活动页成果展示（第二页）

★ 活动资料

一、教室日光灯管一小时耗电量

依据具体的教室情况而定，因为有的日光灯是40W的，有的日光灯是60W的，有的教室安装日光灯12盏，有的教室安装10盏，而有的教室安装8盏。

下面以40W日光灯，每个教室安装10盏计算：

$W=Pt=40×10×1/1000kW×1h=0.4kWh$，

故教室的日光灯一小时消耗的电能为0.4kW，即0.4度。

二、节能减排的好处

1. 节能减排可以为企业节约生产成本，提高产品的利润，同时减少向大气中排放废气，有利于环境的美化。

2. 节能减排可以减少能源的浪费，节约煤炭、石油、天然气等不可再生能源。

3. 节能减排可以有效地减少二氧化碳等温室气体的排放，减缓温室效应产生的全球气候变暖及海平面上升。

4. 节能减排可以有效地减少有害气体的排放，有利于人类的呼吸健康。

三、制作频率分布直方图

1. 一般步骤：（1）计算极差，计算最大值与最小值的差；（2）决定组距与组数；（3）将数据分组；（4）列频率分布表；（5）画频率分布直方图。

2. 特别注意：在频率分布直方图中，纵轴表示频率/组距，数据落在各小组内的频率用小矩形的面积表示。各个小矩形的面积总和等于1。

3. 示例：某中学高一女生共有450人，为了了解该校高一女生的身高情况，随机抽取部分高一女生测量身高，所得数据整理后做出频率分布表（左）和相应频率分布直方图（右）。

组别	频数	频率
145.5～149.5	8	0.16
149.5～153.5	6	0.12
153.5～157.5	14	0.28
157.5～161.5	10	0.20
161.5～165.5	8	0.16
165.5～169.5	4	0.08
合计	50	1.00

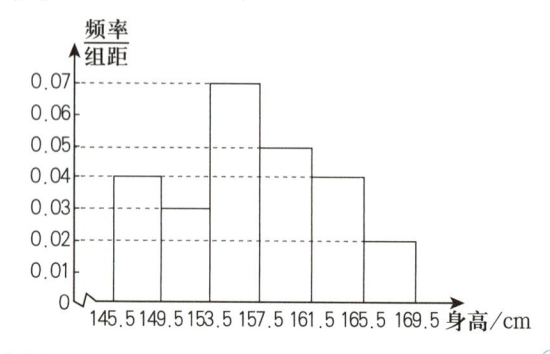

案例 2

绿色迎大运

活动意图

《义务教育数学课标标准（2011年版）》中指出："数学教学活动，应该激发学生的兴趣，调动学生的积极性，引发学生的数学思考，鼓励学生的创造性思维；要注重培养学生良好的学习习惯，使学生掌握恰当的数学学习方法。"而环保教育又是一项从幼儿到成人的终身教育，不是一两次的突击教育，是一种长期性的、普遍性的全民教育。因此结合环保主题，让学生对学校各年级可循环使用物品进行收集、整理，并结合已知的数学知识分析数据，渗透垃圾分类收集与可循环物品再利用的理念是很有必要的。

★活动年级

八年级

★活动目的

1. 使学生会列二元一次方程组解简单的应用题，会使用代数中的方程思想去反映现实世界的相等关系，从而体会代数方法的优越性。

2. 渗透转化思想，培养学生分析问题、解决问题的能力。

3. 通过统计数字和计算等活动，了解本校学生废品利用的情况，并让学生了解环保的意义。

★活动准备

学生准备：作业本、笔。

教师准备：

①教师复印"学生活动页"。

②教师向学生介绍本次活动的目的和方法，将学生分为3—5人的小组，共计12个小组。

★ 活动步骤

1. 确定抽取样本的方法并抽取样本

将学生分成3—5人的小组,共分12个小组,各个小组分别选取本学校不同的年级(从小学一年级到高中三年级共12个年级),在每个年级中抽取十个班,利用下课和午休后的时间,前往被抽出的班级收集可循环使用的物品。

2. 记录和分析数据,填写实习报告

每个小组将收集物品的数据填入实习报告。

3. 编制习题

利用统计的数据编制问题。

4. 解决问题

先列出方程组,再解方程组,最后得到这个问题的解。

5. 分析,交流,讨论

让12个小组的学生分别展示他们的实习报告,引导学生讨论下列问题。比较这12个小组收集的数量哪个组最多?哪个组最少?说明了什么?你认为应如何做好垃圾分类?现在我们学校应该采取什么措施?

6. 小结

教师对学生的发言和讨论作必要的补充,倡导学生撰写调查报告,将统计数据、调查结果、解决措施等整理成论文,提交环保局。

★ 活动成果

绿色环保从我做起实习报告

学生姓名	杨培		
样本来源	学校各年级可循环使用物品的收集情况	样本容量	10
获取样本方法	教师向学生简要介绍本次活动的目的和方法,将学生分为3-5人的小组,为每个小组复印一张学生活动页,可以从小学、初中和高中共12个年级中抽取,一共收集十个班的物品数量作为抽取样本的对象。		
样本数据	矿泉水瓶27个　饮料瓶7个　纸盒1个　衣服无　文具15个　罐装瓶5个　纸巾多张　面包装袋(塑料)3个　布制品3个　无		

名称\班级	塑料瓶	纸盒	衣物	文具	其他
初一四班	20个	2个	无	10个	7个
初一五班	27个	7个	1件	7个	5个
初二九班	30个	1个	无	15个	8个
初三二班	19个	3个	无	无	23个
初三三班	28个	5个	无	9个	20个
高一四班	27个	2个	无	无	15个
高二七班	10个	3个	1件	10个	19个
高二十班	29个	3个	无	12个	23个
高三一班	30个	2个	无	15个	无
高三五班	30个	无	1件	无	7个

学生活动页成果展示(第一页)

编制习题	学校各年级派人调查各班可循环使用物品的收集情况。已知初三3班样本容量为49件，该物品采收集到文具、纸盒、塑料瓶和其它物品，已知塑料瓶是文具的两倍，纸盒有2个，而塑料瓶与其它物品的和为31，问塑料瓶和其它物品各多少件？
习题解答	解：设塑料瓶有x个，其它物品有y件 $$\begin{cases} x+y=31 & ① \\ x+y+2+\frac{1}{2}x=49 & ② \end{cases}$$ 将②合并同类项得 $\frac{1}{2}x+y=41$ 用②-①得 $\frac{1}{2}x=10$，x=20 将x=20代回①中得 y=11 答：塑料瓶20个，其它物品11件。
思考	为什么要回收垃圾？有何意义？ 减少环境的污染、变废为宝；保护和减少利用资源，有更多时间去开发新能源 如何做好垃圾分类？ 首先，要广泛开展宣传、教育等，获得群众的支持；然后改造或增设垃圾分类回收的设施；再其具体的措施，先找几个实验城市，从中发现问题，再进其改善，然后推广各个城市；最后，大力开展垃圾回收利用的科学研究。
备注	

你认为应如何做好物尽其用，具体可以采取哪些措施呢？
①可放在二手平台上（不用了或准备丢掉一有价值的东西），这样卖家既卖掉也赚了一笔"成"，而买家也以便宜的价格，得到他想拥有的东西
②可以捐赠给山区或孤儿院等等一系列地方
③像废纸可回收物品可给一些回收废品的爷爷奶奶。
等等，以上都做到了物尽其用。 记住！不被外物奴役，做自身心的主人。

学生活动页成果展示（第二页）

★ 活动资料

一、成都2021年世界大学生夏季运动会口号、会徽、吉祥物

2019年12月30日，成都大运会口号、会徽、吉祥物及特许经营全球发布会在成都大学新图书馆举行。发布会上，成都大运会的中英文口号正式发布——中文口号是"在成都，成就每一个梦想"，对应的英文口号是"Chengdu Makes Dreams Come True"。

成都大运会会徽　　　　　　成都大运会吉祥物"蓉宝"

本届成都大运会会徽和吉祥物都体现出"成都味儿"和"天府文化"。会徽主体在世界大学生运动会对应英文首字母"U"的基础上，结合了古蜀文明与天府文化象征元素之一的太阳神鸟。被誉为"国宝"的熊猫是成都极具特色的对外传播标识物，是天府之国享有高知名度的个性名片，吉祥物"蓉宝"便是以熊猫为原型创作的。此外，蓉宝面部构思参考了传统艺术瑰宝——川剧的脸谱样式，是川剧这一中国非物质文化遗产又一次与时俱进的创新体现。

二、喜迎绿色大运，开启分类生活

2019年12月14日，成都某高校院团委青年志愿者总队响应团省委号召，组织大运会骨干志愿者深入周边多个社区开展"喜迎绿色大运，开启分类生活"集中志愿服务活动。在社区宣传点位，志愿者们通过运动游戏和发放宣传资料的方式，吸引社区居民参与其中。

据了解，成都大运会拟定了5 000名骨干志愿者、3万名赛会志愿者、50万名城市志愿者的规模，采取线上报名线下选拔的方式，完成了多批志愿者招募工作。为贯彻成都大运会"绿色、智慧、活力、共享"的办赛理念，进一步倡导绿色生态、健康环保的生活方式，增强市民群众对垃圾分类知识的了解，该高校院团委积极行动，推动垃圾分类青年志愿服务活动的常态化。

案例 3

青山绿水本有情，莫等枯竭空悲切

活动意图

数学教材是实现数学课程目标的具体体现，是学生借此学习新知的基本线索和教师赖以实施教学的重要资源。本节"调查节水意识"是出现在义务教育教科书《数学》（北师大版）七年级上册的与环境相关的数学知识。"节约用水"活动是结合小学已有知识"量的计量"和七年级的统计等知识设计而成的。该活动旨在通过观察、测量等操作活动，一方面让学生经历收集、整理、分析数据的过程；另一方面促使学生综合应用所学的数学知识、方法和技能，科学地认知日常生活中水资源浪费的问题。此外，还可让学生积累节约用水的方法，增强其环保意识。

★ 活动年级

七年级

★ 活动目的

1.通过此次活动，了解我国普遍缺水的真实情况，深入分析出现水资源危机的原因，并提出相应的应对措施。

2.通过此次活动，让学生认识到节约用水的重要性，认识到环保从小家做起、每个家庭都做到节约用水对整个环境的重要性，使学生形成正确的水资源观，鼓励学生争做节水宣传员，养成在生活中自觉节水的习惯。

3.会从实际问题中抽象出具体的数学问题，得到简单的数学模型，通过解决数学问题，进而解决实际问题。

★ 活动准备

学生准备：作业本，笔。

教师准备：

①教师复印"学生活动页""家庭节约用水调查问卷"；②教师向学生介绍本次活动的目的和方法。

★ 活动步骤

1. 教师介绍

简要介绍活动背景：全球的淡水量已经呈现危机状态，严峻的事实警告人们，必须节约用水，节约用水刻不容缓；说明本次活动的主要内容及安排；并启发学生思考家庭用水与环保的关系。

2. 学生分组

教师将学生分为 10 个小组，每个小组 3—5 个成员。

3. 统计调查

选择一个周末，让每个小组成员抽样调查所居住小区 10 个家庭一个月（教师根据情况规定某个月）的用水量以及水费，做好记录，将数据填入学生活动页的相应表中；向所调查家庭发放节约用水调查问卷，并做好问卷回收工作。

4. 交流、计算、讨论

回到教室，各组将本组同学的统计结果汇总，引导学生分析，各小区水费与用水量之间的关系是什么？可以用我们学过的函数来表示吗？调查问卷上的问题影响他们的用水量吗？怎么影响的？哪些家庭有节约用水的意识？比例如何？家庭节约用水可以采取哪些措施？

5. 进一步讨论

结合上面的结果，可进一步引导学生探讨社会节约用水问题，比如，学校应该如何做到节约用水？洗车店应如何做？

6. 撰写报告

教师对总结进行简单评价，然后建议学生撰写调查报告，将统计数据、讨论结果、解决措施等汇集成文，提交环保局或有关报刊。

★ 活动成果

家庭节约用水实习报告

学生姓名	白庭悦		
样本来源	小区家庭用水量及水费	样本容量	10
获取样本方法	每个小组随机抽取自己小区的十个家庭（抽取方法参看教科书），利用周末收集某个月用水量及水费。		

		用水量	水费
数据收集与整理	一号家庭	6	19
	二号家庭	4	12
	三号家庭	5	15
	四号家庭	7	23
	五号家庭	71	320
	六号家庭	22	83
	七号家庭	15	55
	八号家庭	20	75
	九号家庭	3	15
	十号家庭	61	149

学生活动页成果展示（第一页）

家庭节约用水调查问卷

1. 你认为"滴水"在一个小时里就可以集到多少公斤水？（ B ）
   A. 4.5公斤   B. 3.6公斤   C. 2.3公斤   D. 3.3公斤   E. 不清楚

2. 据统计，家庭洗衣用水大约占到全部家庭用水量的（ B ）
   A. 11%   B. 22%   C. 33%   D. 44%   E. 不清楚

3. 你知道你家庭每个月的人均用水量大概是多少吗？（ A ）
   A. 1吨以下   B. 1.5吨左右   C. 2吨左右   D. 2.5吨以上   E. 不清楚

4. 冲厕所时如果使用节水型设备，每次可节水多少立方？（ C ）
   A. 1-2   B. 3-4   C. 4-5   D. 5-6   E. 不清楚

5. 如果全国的城市家庭都把坐便器或淋浴器换成节水产品，每月就可望节水多少亿吨？（ B ）
   A. 1亿吨   B. 5亿吨左右   C. 10亿吨左右   D. 15亿吨以上

6. 你知道洗过米的水最好用来做什么吗？（ B ）
   A. 洗菜   B. 浇花   C. 冲洗厕所   D. 洗手

7. 在家中，你们的洗脸水通常如何处理？（ A ）
   A. 直接倒掉   B. 冲洗厕所   C. 洗衣服   D. 拖地

8. 你通常一次洗几件衣服？（ B ）
   A. 2-3   B. 4-5   C. 6-7   D. 8件以上

9. 在你家中，洗过衣服的水通常如何处理？（ A ）
   A. 倒掉   B. 拖地   C. 冲洗厕所

10. 洗脸时会用洗脸盆接水吗？（ B ）
    A. 经常使用   B. 较少使用   C. 从不使用

11. 你刷牙时会使用口杯接水吗？（ A ）
    A. 经常使用   B. 较少使用   C. 从不使用

12. 停水停电后，当你外出时会注意拧紧水龙头吗？（ A ）
    A. 经常   B. 较少   C. 从不

13. 淋浴的时候，如果你擦香皂或用沐浴露时，你会关掉水龙头吗？（ A ）
    A. 经常   B. 较少   C. 从不

14. 当你手洗衣服时，会开着水龙头冲洗衣服吗？（ A ）
    A. 经常   B. 较少   C. 从不

学生活动页成果展示（第二页）

★ 活动资料

案例：某校学习小组对"家庭节约用水情况"作了如下的问卷调查和分析。

1. 节约用水知识调查问卷

共设计 14 道题目。其中 6 道题用来调查同学们节约用水的知识，分析同学们是否掌握一些节约用水方面的小常识；其余 8 道题用来调查同学们日常用水的一些行为，分析他们是否有主动节约用水的行为习惯。

家庭节约用水调查问卷

1. 你认为"滴水"在一个小时里可以积累到多少千克水？
○ A. 4.5 千克　　○ B. 3.6 千克　　○ C. 2.3 千克
○ D. 3.3 千克　　○ E. 不清楚
……

2. 问卷调查对象

本次调查对象为初一到初三年级的学生，共发出 120 份问卷，全部收回；其中有效问卷 118 份。为了避免出现猜答案的现象，对于知识性的题目设计了"不清楚"的选择，从而使大家能填写出自己的真实情况。

3. 问卷调查结果及分析

在节约用水常识的掌握方面，6 道题中能给出合适答案的人数分别为 24、33、39、36、32、26，占总人数的 26.8%；在平时能主动节约用水的问题选项中，8 道题中能给出合适答案的人数分别为 52、95、86、62、112、43、54、37，占总人数的 57.3%。

通过此次问卷调查我们发现，同学们对节约利用水资源的认识还不够，从而导致他们大多数没有养成良好的用水习惯。节约用水教育需从知识、方法、习惯三个方面去教育和培养，学校可多开设一些水资源知识方面的课程或讲座，让同学们意识到水资源的匮乏已成为全球性问题，节约用水关系到人类社会的可持续发展，我们要在日常生活中从一点一滴做起，养成良好的节约用水习惯。

第三篇
英语在环境保护中的作用

随着社会的发展，人们生活水平日益提高，环境污染问题已经成为人类必须解决的重要问题。各种环境问题的出现警示人们应当开始关注环境保护。要从根本上解决环境问题，首先得让人们意识到环境保护的重要性，从小进行环境保护教育；培养学生自觉的生态意识，从小事做起，融入自然。在日常的英语教学中，有意识地通过各种教学活动和教学环节来进行生态意识的培养，是很有必要的。

一、走出校园，实地探访，发现身边的污染

通过组织学生实地调查社区周边的空气、水源等环境，并运用照片、视频、文字、表格等形式记录，和同伴讨论、分析，得出周边环境的现状。这样更容易设身处地地感受到环境问题的严峻，有利于激发学生的参与性和积极性。再通过听力的输入和口头交际的输出，让学生更加真切地感受到我们必须重视环保问题，认识到对我们来说，从小事做起，从自我做起，就是对环境、对社会最大的贡献。

二、回归课堂，阅读并分析"环境保护"这一主题意义下的某个现象

通过阅读与环境保护这一话题相关的文章，了解文章大意，帮助学生更加关注全球变暖，培养学生的环境保护意识，同时起到扩大学生视野的作用；通过挖掘文本，解读语篇背后的深意，激发学生关注环境、保护环境的责任感。

三、发散思维，构建"发现问题，分析问题，解决问题"的英语思维和生态主题下的绿色课堂

通过阅读有关 Green Switzerland 的文章，解构文本，提取瑞士在环境保护方面所采取措施的细节信息，结合我国的环境现状，讨论、

思考，并提出切实可行的环境保护措施；另外，以书面形式，如手抄报或者倡议书等，呈现对环境保护的认识，增强环保意识和责任感。

在英语课堂教学中，可以运用丰富的环保教育素材直接或间接地宣传环保意识，帮助学生在学习英语的同时学习环保知识。通过词汇教学、听说教学、阅读教学、写作教学、课外活动等途径，帮助学生学习相关词汇、语言、文化知识，唤醒他们的环境保护自觉意识，塑造他们的生态人格，让他们从小养成生态自觉意识，培养学生"保护环境，从我做起，从身边做起，从小事做起，爱护环境，保护生态"的理念，增强环保意识，提高环保技能，并带动周围的人，形成生态涟漪效应。这样，既能对学生进行了文化塑造，又有利于解决环境问题。归根结底，生态文明就是文化在塑造人，什么样的文化塑造什么样的人，英语中的生态文明教育是在为学生终身可持续发展奠定基础。

附表一：《义务教育英语课程标准（2011年版）》中生态文明相关内容梳理

人与自然	自然生态 环境保护 灾害防范	1. 主要国家的地理概况 2. 自然环境，自然遗产保护 3. 人与自然，人与动植物 4. 自然灾害与防范，安全常识与自我保护 5. 人类生存、社会发展与环境的关系 6. 自然科学研究成果

附表二：义务教育教科书《英语》（人教版）七～九年级中生态文明相关内容梳理

话题3. 人与环境、人与动植物

教材出处	涉及单元课时
七年级下册 Unit 5 Why do you like pandas?	Section A (1b); Section A (2a) Section B (1b)
七年级下册 Unit 7 It's raining.	Section A (2d); Section B (2b); Section B (3a)
八年级下册 Unit 7 What's the highest mountain in the world?	Section B (1b); Section B (2b)

话题5. 人类生存、社会发展与环境的关系

教材出处	涉及单元课时
九年级 Unit 13 We're trying to save the earth!	Section A (1b); Section A (2a) Section B (2b)

案例 1

Environmental Pollution around Us——Air Pollution

活动意图

通过实际调查让学生关注身边的环境情况；通过搜集与分析资料，让学生了解目前存在的主要环境问题，促使学生形成良好的环保意识与行为。

★ 活动年级

　　九年级

★ 活动目的

　　1. 让学生走出课堂，在实际生活中观察自然。
　　2. 完成与空气污染相关的听力训练，熟悉空气污染的英文表达。
　　3. 培养学生保护环境的意识。

★ 活动准备

　　工具：手机、相机、电脑、投影仪

★ 活动步骤

　Step1. Organize the students to do a survey about the pollution in our neighborhood.

　　[Teacher's activities]

　　1. Help the students to observe the environmental problems.

　　2. Inspire them how to survey and how to record the results.

　　3. Help them to solve other problems.

　　[Students' activities]

　　The students can go outside to record the pollution in their neighborhood.

The earth mother is 4.6 billion years old. She was very beautiful in the past. But recentiy, she has been ill. What has happened to her?

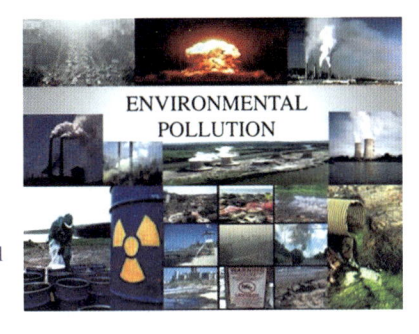

There are too many environmental problems on the earth. In our daily life, we have to face more environmental problems.
Can you say something about them?

ENVIRONMENTAL POLLUTION

cities, pollute, health problems

cut down, millions of, take away the earth, become desert

factories, the land and the aie, dead

1. Encourage the students to use many kinds of media forms, like pictures, videos, interviews and live broadcasts.

2. They can go to the factory, and the river, they can also go to the nearby park.

3. They can do this activity individually or with their partner.

Step2. Work with the students and tell them how to make PPT.

[Teacher's activities]

1. Help the students to collect the results and materials.

2. Point out the aspects which they should think about, and give them some hints.

3. Provide possible technical support.

[Students' activities]

After the survey, the students make PPT according to the sources.

1. In order to make the PPT more attractive and educational, the students

should make use of the sources and think hard all the aspects.

2. If the students have problems, they can ask their parents, teachers and friends for help.

Step3. Organize all the students to discuss.

[Teacher's activities]

1. Divide the class into some groups.

2. When each group discusses, the teacher walks around the classroom and provides help if it's necessary.

3. When the students have problems in expressing the pollution and situation, the teacher can help them.

[Students' activities]

Present the PPT to the classmates.

1. Every student presents his or her own PPT in the group and talk about what he or she sees.

2. Each group discusses the survey results and chooses the best PPT to present to the whole class.

3. The speaker should give a report about the survey results at the same time.

Step 4. Listening practice about air pollution.

[Teacher's activities]

1. Before listening, the teacher can give the students some information about the listening material. (The listening material is in the resources.)

2. When the students listen, the teacher walks around the classroom if it's necessary.

3. Check the answers.

[Students' activities]

1. Listen to the interview. Circle the kinds of pollution that Jason and Susan talk about.

A. land pollution   B. air pollution   C. noise pollution   D. water pollution

2. Listen again and complete the sentences.

（1）The air is badly polluted because there are _____ on the road these days.

（2）Factories that burn coal also _____ with a lot of smoke.

（3）Jason is always in a bad mood because he can't _____ _____ here.

（4）Everyone should _____ protecting the environment.

Step5. Show your works.

[Teacher's activities]

1.Help the students to summarize the present situation of our air pollution and water pollution.

2.Encourage the students to show their ideas and works.

[Students' activities]

1.Take photos about environmental problems and effects.

2.Show the photos and share the ideas about it.

Protect our Water

★ 活动成果

成果展示一

成果展示二

The air has become really polluted around here. I´m getting very worried.

Yes, I used to be able to see stars in the sky.

The problem is that ……

……
……

★活动资料

Interviewer: Today we´re talking to Jason and Susan about environmental problems. Jason and Susan, can you tell us about some of the problems you´ve seen?

Jason: I think one problem is that the air is badly polluted. I hardly ever see blue skies anymore.

Susan: Yes, and I used to see the stars clearly.

Interviewer: What do you think has caused this problem?

Susan: Well, there are more cars on the road these days.

(Jason coughs a lot.)

Interviewer: What´s wrong with you, Jason?

Jason: I feel terrible these days. The factories that burn coal also pollute the air with a lot of black smoke. The bad air makes my chest hurt. What´s worse, it also makes too much noise and I can´t sleep well at night.

Interviewer: Have you seen a doctor?

Jason: Not yet. What´s more, I´m always in a bad mood because I can´t bear the environment here. I do hope the government will solve this problem soon.

Interviewer: I´m sorry to hear that. Hope you can be better soon! Anyway, it is not enough to just depend on the government. Everyone should play a part in protecting the environment.

案例 2

Environmental Pollution around Us —— Global Warming （Reading）

活动意图

通过阅读与环保这一话题相关的文章，了解文章大意，帮助学生更加关注有关全球变暖的环保问题，让学生了解导致全球变暖的原因，以及它对环境产生的恶劣影响，从而激发学生关注环境、保护环境的社会责任感，同时也为下一案例（writing）做好铺垫。

★ **活动年级**

九年级

★ **活动目的**

1. 从案例1的走出课堂到案例2的回归课堂，通过阅读材料，让学生了解有关全球变暖的背景知识，及其对环境造成的影响。

2. 完成与话题相关的阅读训练，熟悉全球变暖相关的英文表达，并能以思维导图的形式对文章内容进行提炼，帮助自己更好地理解文章。

3. 培养学生保护环境的意识。

★ **活动准备**

工具：课件，视频，A4纸，彩笔

★ **活动步骤**

Step 1. Leading-in.

[Teacher's activities]

1. Play a movie clip to introdnce the topic of global warming.（电影《后天》）

2. Arouse the interest of the students in the topic of this lesson.

电影《后天》截图

Tips: 教师引导学生回答问题，并点明本节课话题——Global Warming.

3. Inspire the students to think about the topic.

[Students' activities]

1. After watching, answer the question to know about the topic of this lesson. What's the movie about?

2. Discuss the causes of the problems in the movie with the partners.

Step2. Read the passage quietly and find out the answers to these questions.

[Teacher's activities]

1. Help the students to get the topic of the passage.

2. Help the students to understand the passage.

3. Help the students to sort out the structure of the passage.

[Students' activities]

1. Get the main idea of the passage by skimming.

How does the global warming happen？（Burn the fossil fules）

2. Better understand the passage by scanning.

（1）What are the fossil fuels？（Coal, natural gas, oil）

（2）Read the fossil fuels？（Greenhouse effect）

3. Structure the passage by completing the mind-map given by the teacher.

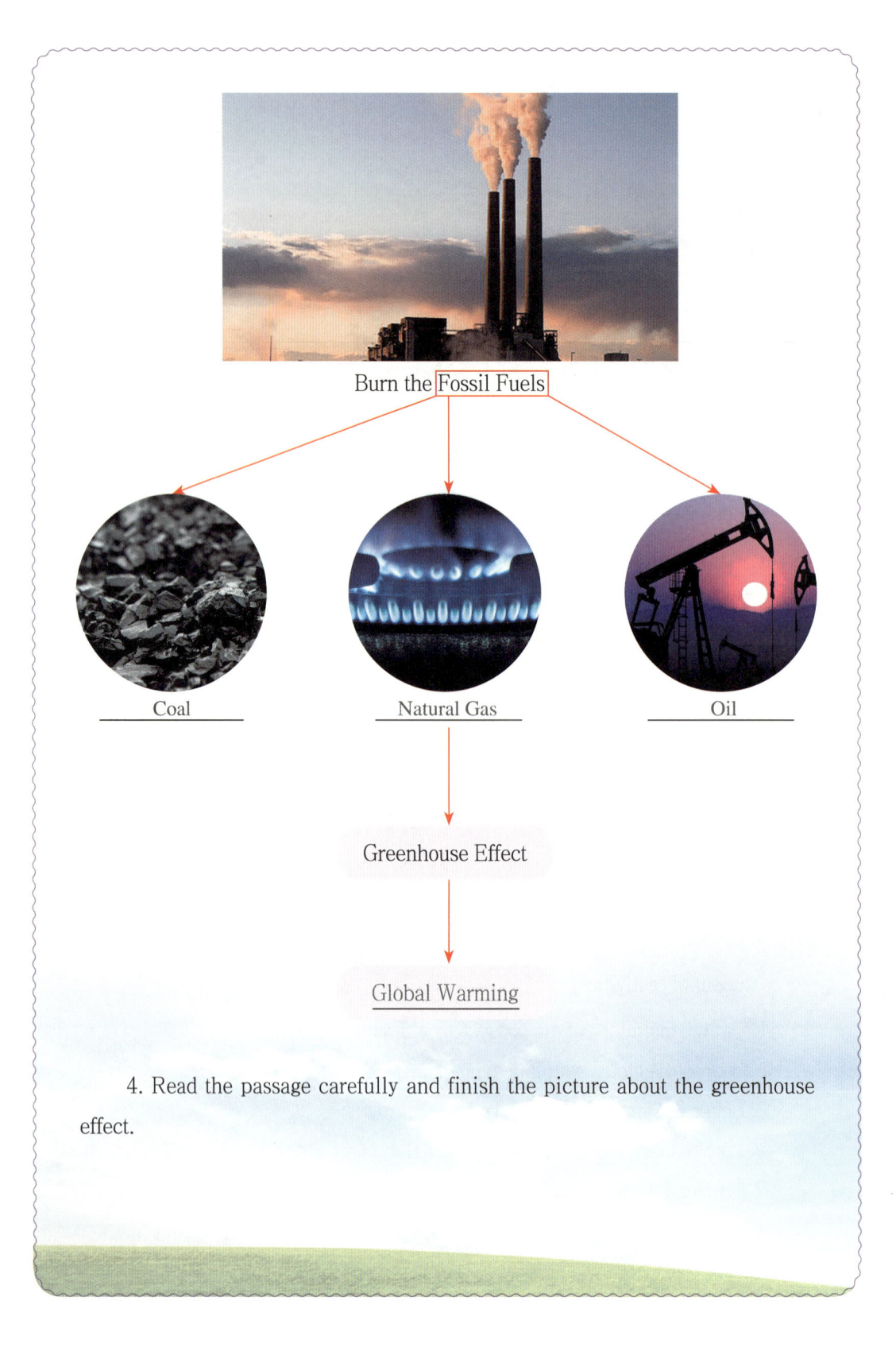

Burn the Fossil Fuels

Coal   Natural Gas   Oil

Greenhouse Effect

Global Warming

4. Read the passage carefully and finish the picture about the greenhouse effect.

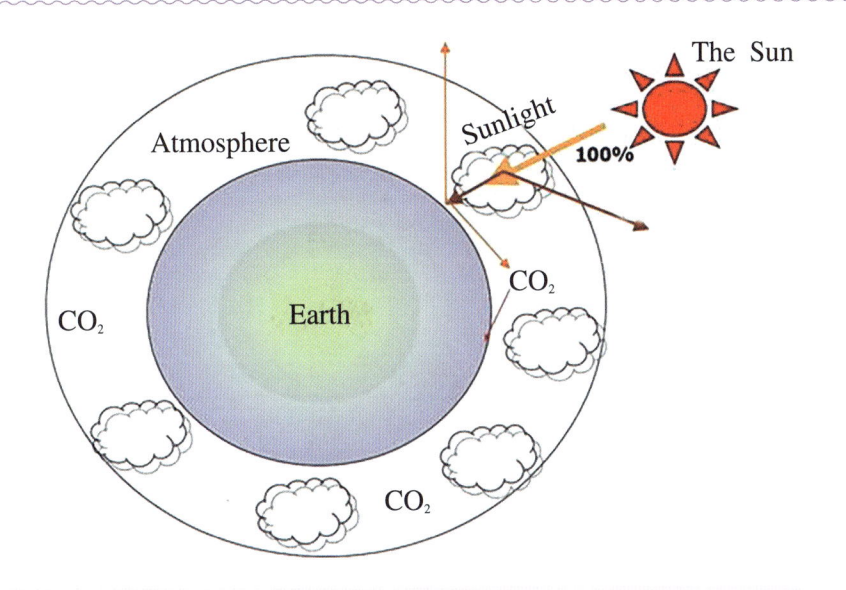

教师引导学生分析文本和语法，以便更好地理解文章大意；学生通过完成mind-map，梳理文章结构，以便更好地理解全球变暖及其成因，为下一步活动做准备。

Step3. After reading, finish the tasks.

[Teacher's activities]

1. Inspire the students to further think about the solutions to slow down the global warming.

2. Check the students whether they understand the passage.

3. Help the students to build up the awareness of environmental protection.

[Students' activities]

1. Draw a mind-map about global warming.

2. What can we do to slow down the global warming? (individual, government)

Step 4. Homework

Draw a picture of the process of greenhouse effect according to the passage.

★ 活动成果

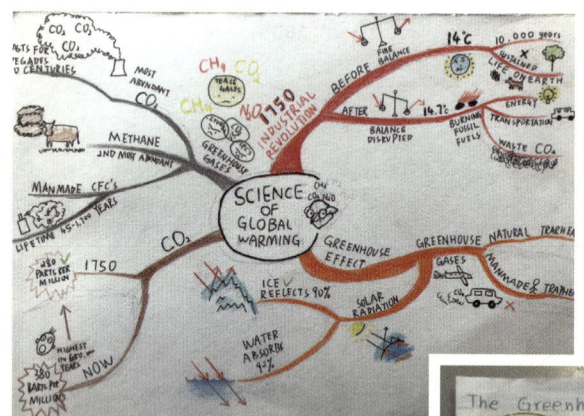

全球变暖思维导图

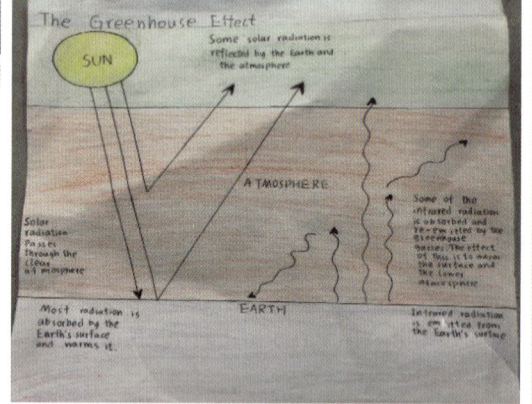

温室效应示意图一

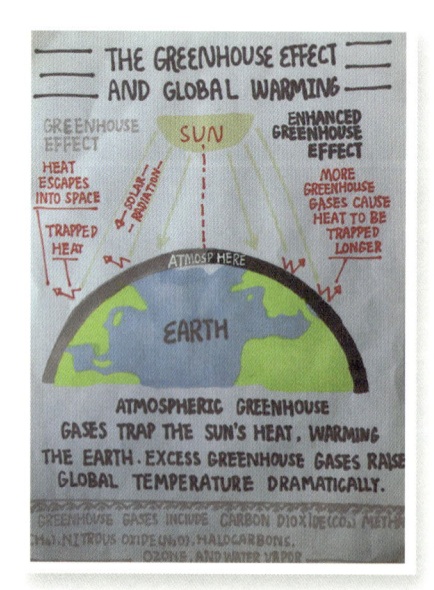

温室效应示意图二

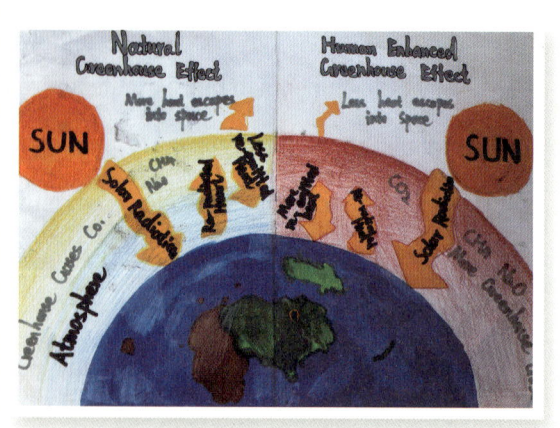

温室效应示意图三

★活动资料

The Earth Is Becoming Warmer

During the 20th century the temperature of the earth rose about one degree. That probably does not seem much to you or me, but it is a rapid increase when compared to other natural changes. So how has this come about and does it matter?

It is human activity that has caused this global warming. All scientists think that the earth's temperature rises because of the burning of fossil fuels like coal, natural gas and oil to produce energy. Some byproducts of this process are called "greenhouse effect" gases, the most important one of which is carbon dioxide. This is when small amounts of gases in the atmosphere, like carbon dioxide, methane and water vapour, trap heat from the sun and therefore warm the earth. More heat energy tends to be trapped in the atmosphere causing the global temperature to go up.

Scientists think there may be a rise of several meters in the sea level, or predict severe storms, floods, droughts, famines, the spread of diseases and the disappearance of species.

Greenhouse gases continue to build up in the atmosphere. Even if we start reducing the amount of carbon dioxide and other greenhouse gases, the climate is going to keep on warming for decades or centuries.

案例 3

What Can We Do to Protect Our Environment?
(Writing)

活动意图

通过设计阅读活动链，让学生对环境保护和生态重建产生更清楚的认知。鼓励学生结合我国的环境污染现状，如空气污染、水污染等，积极营造从政府、立法机构到社会组织，全民参与环保活动的社会氛围，引导学生以手抄报和倡议书等方式宣传绿色环保。

★ **活动年级**

九年级

★ **活动目的**

通过手绘宣传作品，积极学习与宣传环保知识，培养学生关注社会发展的责任感，全面提高环境与发展意识，树立正确的环境保护价值观，在日常生活中从身边点滴做起，倡导绿色环保。

★ **活动准备**

工具：手机或相机、电脑、投影仪、A4 纸

★ **活动步骤**

Step 1. Revision.

[Teacher's activities]

1. Activate the students' background of environmental protection.

2. Divide the students into groups to review the environmental problems.

3. Inspire them to think about the causes of the problems.

[Students' activities]

1. The students can first discuss about the environmental problems they have learned.

2. The students can then use mind-map to classify the environmental problems.

3. The students can think about the environmental problems in their cities and what influences it has on their lives.

Step 2. Work with the partners to discuss the causes.

[Teacher's activities]

1. Raise some questions to lead the students to think about the causes of the environmental problems they have talked.

2. Inspire the students to discuss about the causes as much as possible, the teacher classify and write them down in a chart.

3. Lead the students to think about the essential cause.

[Students' activities]

1. Discuss about the causes of the environmental problems connecting with their daily life.

2. Think about the most important factor that leads to the environmental problems.

pollution	causes ⇨ Human beings
water pollution	waste, ship, factories
air pollution	means of transportation(car, plane, ship, train…), coal burning, factories, smoking
noise pollution	loud music, mobile phone, house building, means of transportation(car, plane, ship, train…)
land pollution	waste, chemical fertilizer, pesticide

Step 3. Presentation of a reading material that can help to write—Green Switzerland.

[Teacher 's activities]

1. Lead the students to think about the solutions to the environmental problems based on the causes. Then the teacher classifies what they have talked into three parts: government, groups or organizations, citizens.

2. Lead the students to read Green Switzerland and answer: What things are done to protect the environment in Switzerland ?

3. After the students find the detail information, the teacher inspires the students to summarize: What does Switzerland do to protect its environment ?

Solutions
- Government—make laws.
- Groups or organlzations—separate things into groups and recycle.
- Citizens—use new energy.

[Students ' activities]

1. Discuss about how to solve the environmental problems in their daily life, for example: turn off the light, use cars less, use public transportation more, plant more trees, do not use plastic bags, etc.

2. Read the material and think about what things Switzerland does to protect its environment.

Step4. Write a proposal to call on more people to protect our environment.

[Teacher 's activities]

1. Lead the students to think about the form of proposal.

2. Set up the structure of writing, inspire the students to think about what to write at the beginning, body and ending.

3. Remind the students to notice the structure, logic, grammar, words, etc. while writing the proposal.

4. Emotion education: everyone can do something to make a difference—reduce, reuse, recycle.

> Beginning: the reasons why we should protect the environment.
> Body: the suggestions(at least three) on how to protect the environment.
> Ending: the importance of protecting the environment.

[Students' activities]

1. Recall how to write a proposal.

2. Think about the content of the proposal.

3. Write a draft or a sketch of the writing.

4. After writing, check it by themselves: structure, logic, grammar, words, etc.

Step 5. Show your works.

[Teacher's activities]

Sum up: Since we have learned the environmental problems, causes and solutions, we can have a better understanding of how to deal with the relationship between human beings and environment, let's use our own ways to protect it because it's our responsibility to protect the environment.

[Students' activities]

Use different forms like writing a proposal or draw a poster to call on more people to protect our environment.

★ 活动成果

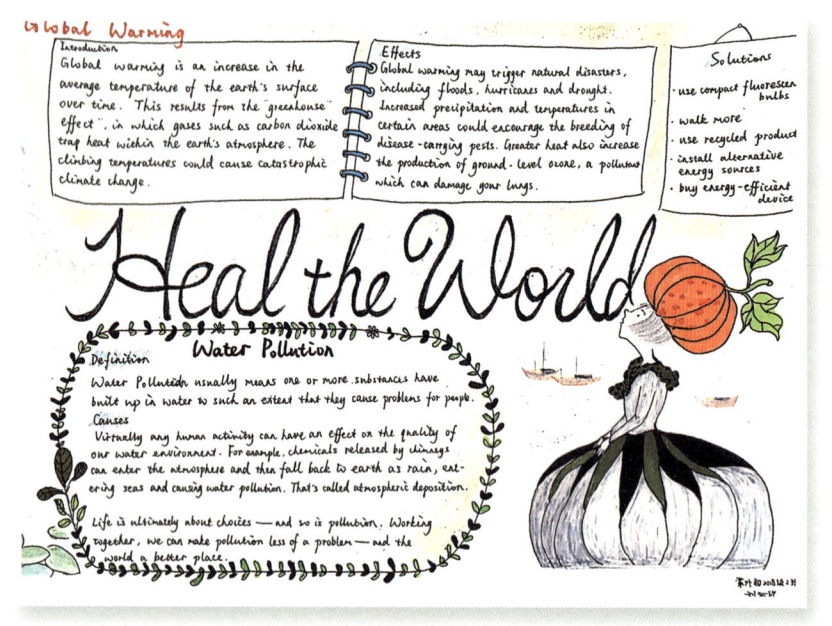

成果展示一

Global Warming

Introduction
Global warming is an increase in the average temperature of the earth's surface over time. This results from the "greenhouse effect", in which gases such as carbon dioxide trap heat within the earth's atmosphere. The climbing temperatures could cause catastrophic climate change.

Effects
Global warming may trigger natural disasters, including floods, hurricanes and droughts. Increased precipitation and temperatures in certain areas could encourage the breeding of disease-carrying pests. Greater heat also increase the production of ground-level ozone, a pollutant which can damage your lungs.

Solutions
- use compact fluorescent bulbs
- walk more
- use recycled product
- install alternative energy sources
- buy energy-efficient device

Heal the World

Water Pollution

Definition
Water Pollution usually means one or more substances have built up in water to such an extent that they cause problems for people.

Causes
Virtually any human activity can have an effect on the quality of our water environment. For example, chemicals released by chimneys can enter the atmosphere and then fall back to earth as rain, entering seas and causing water pollution. That's called atmospheric deposition.

Life is ultimately about choices — and so is pollution. Working together, we can make pollution less of a problem — and the world a better place.

成果展示二

Environmental Protection Proposal

The earth has nurtured generations of descendants. But these days, our earth mother is in serious environmental crisis because of human beings' own desire of interests. Therefore, protecting the earth has become the most intense topic of ecology.

The government, as a state organ, needs to take the lead. It should make laws to protect the ecological balance and to protect the nature. Also, it should call on people to separate their garbage in certain categories. In addition, it should support the development of environmental protection social groups.

Social group are also needed to do something. They should strengthen publicity and guidance for environmental protection. The citizens, live in the city every day, should also do their duties in protecting the environment. They should avoid using disposable items as far as possible. Take good care of flowers and trees, do not trample them at will is also important.

Let's begin to take actions to protect the environment, protect the home we live on!

★ 活动资料

Green Switzerland

I love Switzerland. It is a country with high mountains and clean blue lakes. It is beautiful, and we should try to keep it that way.

In Switzerland, things like glass, plastic and paper are separated into different groups and then recycled. Even old clothes and shoes can be recycled. I learned about an organization for recycling clothes. It collects old clothes from all over the country. Some of the clothes are sold in charity shop, some are given to the poor, and others are sent to factories for recycling. My family and I often send our old jeans and T-shirts to this organization.

Our government has many laws to protect the environment. For example, we are not allowed to cut down trees. Otherwise, we will be punished. If we drop litter in a public place, we will be fined by the police. There are also laws to limit air and water pollution.

Nature is our great treasure. We depend on its rich resources to live, so it is important for us to protect it wisely. Luckily, we are starting to use energy from the sun, wind and water. These new types of energy cost very little and will never run out. Moreover, they produce little pollution.

Today is 5 June, World Environment Day. What have you done for the environment? Remember that everyone can do something to make a difference!

第四篇
物理的科学精神与生态文明意识

一、物理学与环境保护

物理学是认识世界、改变世界的科学。物理学与环境保护的关系表现在两个方面：一是科学技术的发展给人类带来好处，同时也带来危机，对环境的破坏就是其中之一。如我们越来越离不开的手机、电脑等智能产品，给我们带来便利的同时也带来了电磁污染。因威胁我们的身体健康，电磁污染越来越受到关注。二是解决环境破坏问题需要依靠科学技术的进步，尤其是物理学的突破。如对新能源的开发利用等。

二、中学物理教学与环境保护教育

从课程标准来看，在物理教学中渗透环保教育，应该达到的主要目标是：1.使学生树立环保意识。主要体现在能源和环境污染两个方面，在能源方面，主要是让学生意识到提高能源利用效率是节能的核心；在环境污染方面涉及的内容较多，如噪音污染、水污染、空气污染、电磁污染等。2.培养学生关心生活、关心环境、关心科技前沿的态度与责任感。

物理教材中设置了渗透环境保护的内容，引导学生从科学技术的角度了解环境保护问题，从而意识到环境保护与物理学科融合的优势和必要性。初中物理中有很多内容涉及到了环保，如噪声、光污染、温室效应、水污染、电磁污染等。具体见附表。

三、中学物理教学中渗透环保教育的建议

1.依托教材，培养环保意识

挖掘初中物理各册教材中可进行环保教育的内容，把课堂教学与环境保护教育生动地结合起来，是培养学生的环保意识的策略之一。

教师有必要梳理和挖掘研究初中物理课程标准、教材内容中物理教学与环境教育的结合点，有计划地开展环境保护教育，引导学生用物理知识去思考环境问题，从而培养其环保意识。

如在学习镜面反射时渗透光污染相关内容，引导学生调查生活中的光污染，提出防治的办法；再如在学习电器、电磁场、电磁波等内容时，先向学生介绍什么是电磁污染，然后请学生调查了解电磁污染的来源和生活中常见的防护措施；又如在学习"能源与可持续发展"这部分内容时，先介绍各种能源，然后组织学生讨论能源与人类生存和社会发展之间的关系、我国能源现状和未来能源发展等问题。在这样的渗透过程中，既培养了学生的环保意识，也培养了学生认识问题、解决问题的能力。

2. 借助实验，学习环保知识

物理是以实验为基础的学科。学习物理离不开实验，环保教育也可以借助实验。在实验中，既要引导学生保护好器材，又要引导学生妥善回收或处理废旧器材。如正确处理损坏的体温计，以防洒出的水银造成环境污染和对人体的危害；再如不要随意丢弃废旧电池，以防电池里的汞、镉、铅等金属渗出，污染土壤、水等。还可以通过实验了解解决环境问题的办法。如在学习电现象时，可以用感应起电仪、真空罩等仪器模拟静电除尘仪的原理，了解除尘的办法。

3. 走向生活，关注环保问题

教师可以通过组织学生参观考察和社会调查，启发学生思考周围环境污染产生的原因及应对措施，这样可以在进行环保教育的同时，提高学生的社会实践能力和分析、解决实际问题的能力。

如在学习比热容时，要求学生利用周末调查自己所在城市的温室效应情况，分析温室效应产生的原因及其造成的危害。再如在学习电功时，组织学生走访商场，调查了解家用电器的能效标识，引导学生关注科学技术对节能减排的作用。又如对于每年秋季农田焚烧秸秆造成浓烟弥漫的问题，让学生实地参观这种环境，查找有关焚烧农作物秸秆造成资源浪费以及对生态环境造成不良影响的资料，并让其分析、讨论，提出一些具体的解决办法。

附表：义务教育教科书《物理》（教科版）八～九年级中与环境保护有关的内容梳理

年级	所在章节	具体内容	呈现形式
八年级上册	第二章 运动与能量 第三章 声 第四章 在光的世界里 第五章 物态变化 第六章 质量与密度	•能源的利用对环境保护的影响 •噪声 •光污染 •地球上的水循环 •海水密度与海洋环境	•正文、讨论与交流、走向社会 •讨论与交流、走向社会、家庭实验室 •讨论与交流、走向社会 •正文 •正文、海报
八年级下册	第七章 力 第九章 压强 第十二章 机械能	•摩擦力与节能 •连通器对病毒或污水的防御效果 •风力发电对环境改变的作用	•正文、讨论与交流 •漫画、正文 •正文、讨论与交流
九年级上册	第二章 改变世界的热机 第六章 电功率 第七章 磁与电 第八章 电磁相互作用及应用	•地球在我们手中 •1度电的作用、家用电器的能效标识 •做一个家用电器的调查 •1元节能灯 •挑战：地球磁场的消失 •关于电能来源的调查研究	•正文、漫画 •讨论与交流、走向社会 •走向社会 •讨论与交流 •走向社会 •走向社会
九年级下册	第十章 电磁波与信息技术 第十一章 物理学与能源技术	•电磁污染 •世界能源储量及需求、能源利用中的问题与相应对策、新能源的开发与利用	•正文、插图 •正文、插图

案例 1

远离噪声

活动意图

《噪声》是义务教育教科书《物理》（教科版）八年级上册第三章第三节的内容，是学生学习声音的产生、传播、特征之后学习的内容。本节教材的知识点较少，但涉及到的是现今社会的敏感话题，是现实社会中正在面对的话题。所以，对本节知识的教学不能照本宣科，必须联系实际，从环境保护的角度出发，让学生了解噪声的危害和怎样减弱噪声，提高学生保护环境的意识和对社会的责任感。

★ **活动年级**

八年级

★ **活动目的**

1. 了解并学会使用测量工具。
2. 通过实地调查切身体会噪声带来的影响。
3. 通过对调查报告进行分析，了解噪声及其来源。
4. 知道控制噪声的途径，并积极地为控制学校、家庭周边的噪声污染建言献策。

★ **活动准备**

手机、噪声检测 App、示波器 App

★ **活动步骤**

1. 课前准备：实地考察

生活中是否有让你感觉烦躁不安的声音呢？如果有，请你在下页表格中填写出你正在做的事情（如：学习、交流、休息、逛街等），标明声音的来源，用手机中的噪声检测仪记录下声音的强弱，并分享你的测量截图。

噪声记录

地点	你正在做什么	声音的来源	声音的强弱

实测截图范例：

2. 认识噪声及其来源

（1）学生根据测量结果进行分析，从环境保护的角度认识噪声。

• 环境保护角度的噪声：

凡是妨碍人们正常休息、学习和工作的声音，以及对人们要听的声音产生干扰的声音都是噪声。

• 学生根据测量环境可知，噪声来源大致分为以下几方面：

交通运输噪声；施工噪声；社会生活噪声；工业噪声。

（2）教师给出两段声音，学生利用手机上的示波器进行测量，从物理学角度认识噪声。

• 物理学角度的噪声：

发声体做无规则振动时发出的声音。

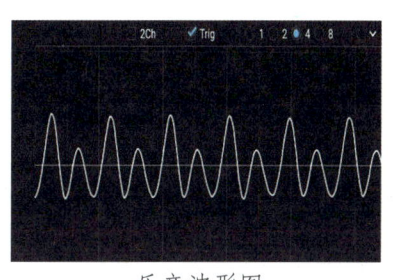

乐音波形图 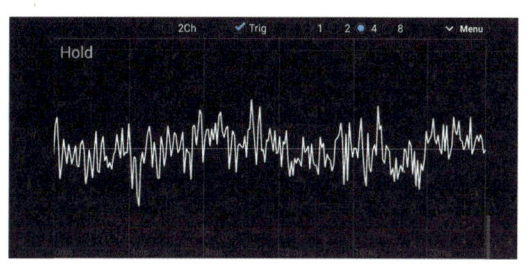　　　　　　　　　噪声波形图

3. 噪声的大小及危害

人们以分贝（dB）为单位来表示声音的强弱。教师指导学生阅读义务教育教科书《物理》（教科版）八年级上册第 47 页的表，引导学生注意不同环境中声音的分贝数，让体会过这些噪声污染的学生描述当时的主观感受。同时，可以结合《中华人民共和国环境噪声污染防治法》中对于城市、工业区等区域内噪声标准的界定，说明噪声的危害可以通过法律手段进行防治，借以提高学生的环境意识以及法律意识。

4. 探究控制噪声的方法

以听到声音的条件为线索，引导学生探究减弱噪声的方法。

（1）学生将闹钟和分贝仪分别置于课桌的两端，打开闹钟，测出此时的声音强弱；

（2）学生用玻璃罩罩住闹钟或者调低闹钟的响度，测出此时声音的强弱；（方法：在声源处减弱噪声）

禁止汽车鸣笛，在声源处减少噪声　　　　在汽车排气口安装消声器，在声源处减弱噪声

（3）学生将较大的木板、玻璃等挡板置于课桌中间，测出此时声音的强弱；（方法：在传播途径中减弱噪声）

城市高速路边的隔音带，
可以在传播途径中减弱噪声

公路边的绿化带，居民楼外的高大树木，
都可以在传播途径中减弱噪声

（4）学生将玻璃罩罩住分贝仪（模拟用手捂住耳朵），测出此时声音的强弱；（方法：在人耳处减弱噪声）

用隔音耳罩遮挡耳朵，可以在人耳处减弱噪声

5. 争做环境保护卫士

学生讨论：为了达到减弱噪声、保护环境的目的，我们在日常生活中可以做哪些力所能及的事情呢？如在什么情况下，我们应该怎样做才能减少噪声的产生？学生可以用手抄报的形式展示给大家。

★ 活动成果

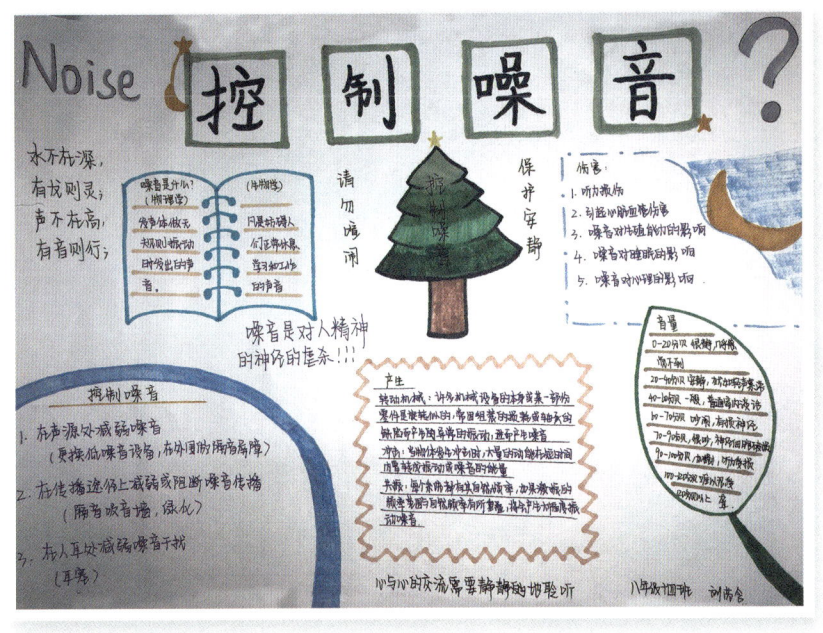

成果展示一

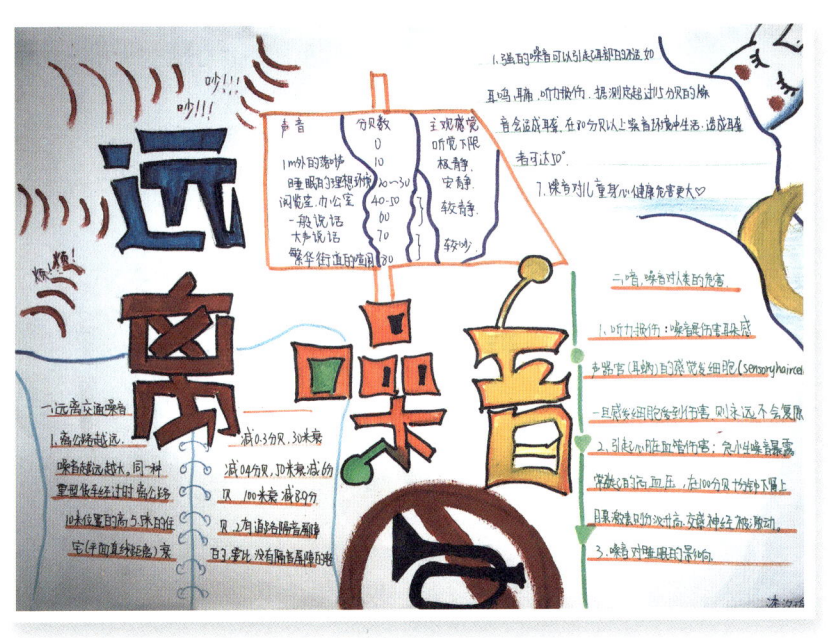

成果展示二

★ **活动资料**

一、主动降噪耳机

采用主动噪音控制，不同于一般耳机的被动隔音。其原理为：先由安置于耳机内的讯号麦克风侦测耳朵能听到的环境中低频噪音，再将噪声讯号传至控制电路，控制电路进行实时运算，然后让耳机中的喇叭发射与噪音相位相反、振幅相同的声波来抵消噪音。

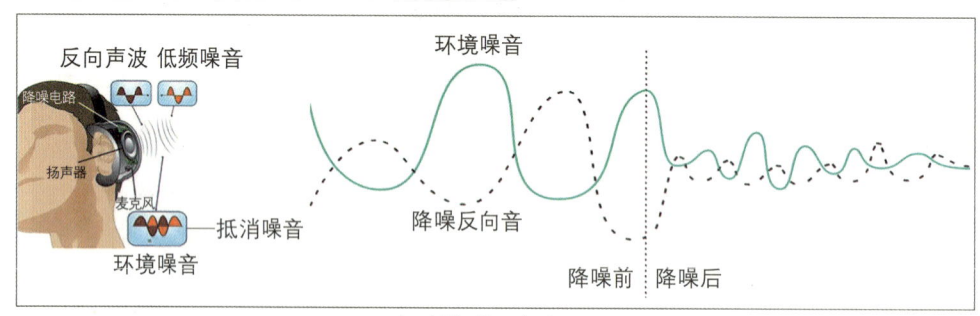

主动降噪耳机原理

二、噪声对健康的影响

1. 噪声引起听力损伤

噪声能伤害耳朵感声器官——耳蜗内负责感受声音的毛细胞，而一旦毛细胞遭受损失，就永远无法再生。

2. 噪声引起高血压

急性噪声暴露常引起高血压。在100分贝噪声影响十分钟的情况下，人体肾上腺激素分泌增加，交感神经兴奋，此结论已经在动物和人体试验中得到证实；几个大规模研究也显示长期噪音的暴露与高血压呈正相关的关系。

三、噪声的利用

噪声是一种声能，也是一种能量的污染，当噪声的声音强度达到一定的能量值就可以被利用。我国科学院理化技术研究所罗二仓等人成功研制出百瓦级的行波热声发电机样机，这是一种声能发电的设备。

随着工业和交通业的发展，新的噪声污染源不断出现，迫使科技工作者想方设法一方面从声源上根治噪声，另一方面从声传播途径上控制噪声。如果将控制噪声的措施和回收噪声能的措施结合起来，不仅在噪声治理上是一大突破，而且对人类社会日益匮乏的能源也是一个补充。

案例 2

我身边的光污染

活动意图

光现象是生活中常见的现象之一,自然界的一切生物都离不开光,因此物理课程标准要求认识光现象,掌握其中的规律。该部分包含三大板块,即光的直线传播、光的反射和光的折射,每一种现象都在生活中有广泛的应用,方便生活的同时也会带来光污染。各版本的初中物理教材都设计了相关内容,让学生了解镜面的使用会带来光污染,但这种了解仅限于文字介绍,无法让学生有切身体会,不利于学生环境保护意识的形成。

在"光的直线传播"和"光的反射定律"学习结束之后,进行"光污染的相关调查与研究"这一课外活动,在知识层面可以巩固学生对"光沿直线传播"原理的掌握,进一步促进学生理解镜面反射和漫反射的区别;在能力层面还能培养学生搜集信息、交流、分析和归纳的能力。此外,还能让学生亲身体验并意识到光污染就在我们身边,已对生态环境与生活造成了大量负面影响。鼓励学生想办法利用"光的反射""不同材质反射率不同"等物理知识减少光污染,增加其学习的成功体验,帮助他们形成将物理知识运用于实际生活中的意识,逐步养成科学是把双刃剑、需要合理运用的可持续发展的意识。

★ **活动年级**

八年级

★ **活动目的**

1. 查阅资料认识光污染,了解造成光污染的原因与分类,认识光污染的危害。
2. 调查身边的光污染,了解光污染的治理方法。
3. 培养学生搜集整理信息、调查研究的能力。
4. 提升学生保护生态环境的意识。

★ **活动准备**

手机,天文气象观测 App

★ 活动步骤

1. 活动介绍

简要介绍本次活动的目的和方法，将学生分为3—5人的小组。

2. 认识光污染

每个小组合作查阅资料，了解什么是光污染，以PPT的形式呈现成果，并在班级内进行汇报。

3. 调查身边的光污染

任选一至两个任务，利用周末时间完成相关调查，并将成果拍照分享；讨论交流调查的收获。

（1）调查不规范使用远光灯

任务内容：在不同路口记录半小时内不规范使用远光灯的车辆数目，并拍照记录；采访被远光照射后路人或司机的感受。

不规范使用远光灯

（2）我家附近的光污染

任务内容：调查晚上11点之后，家附近的光照情况，并拍照记录；采访居民的感受。

（3）玻璃幕墙使用情况的调查

调查玻璃幕墙的使用情况，并拍照记录；采访周边居民玻璃幕墙的使用是否影响到生活。

（4）防晒知多少

任务内容：了解防晒霜瓶身数字的含义，查阅资料了解防晒霜的防晒原理。

（5）利用天文气象观测App统计所在城市一个月内的光污染情况，记录污染等级。

4. 治理光污染有妙招

查阅资料了解相关措施，试着利用物理知识提出治理光污染的建议。

防晒霜瓶身标有SPF值

★ 活动成果

调查报告

一、光污染及其分类

光污染是一种新的环境污染源，主要包括白亮污染、人工白昼污染和彩光污染。

二、身边的光污染现象

学生拍摄的光污染现象

三、成都市的光污染情况

学生利用天文气象观测 App 记录了成都市一个月当中的光污染情况，并进行了统计。

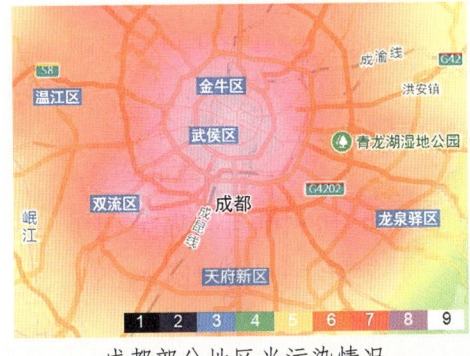

成都部分地区光污染情况

成都市部分区域光污染情况统计表

	5级及以上光污染的天数
武侯区	30
金牛区	30
双流区	30
温江区	30
天府新区	30
龙泉驿区	30

注：光害级别为"波特尔暗空分类法"，级别越高，光害越强

四、光污染的危害

1. 远光灯可瞬间致盲3—5秒，让人体对速度和距离的感知力下降，威胁司机和行人的安全。

2. 大量玻璃幕墙的使用，使强烈的反射光进入附近居民楼居室内，会增加室内温度，影响正常的生活。半圆形的玻璃幕墙，其反射光汇聚还容易引起火灾。此外，烈日下驾车行驶的司机可能会意外遭到玻璃幕墙反射光的突然袭击，眼睛受到强烈刺激，容易诱发车祸。

3. 光污染有损人的生理功能，还会影响心理健康。长时间在白色光亮污染环境下工作和生活的人，视网膜和虹膜都会受到不同程度的损害，可能造成视力急剧下降，白内障的发病率升高的后果，还会使人头昏心烦，甚至出现失眠、食欲下降、情绪低落、身体乏力等症状。人工白昼还会伤害鸟类和昆虫；强光可能破坏昆虫在夜间的正常繁殖过程。

4. 当皮肤在紫外线下过度暴晒后，会损伤表皮细胞，加速色素合成，破坏皮肤的保湿功能，使皮肤变得干燥，真皮层中的弹力纤维受损，使皮肤产生细纹。在强光照射下，还会造成肌肤发炎、灼伤。更为严重的情形，则会造成色素性皮肤癌等疾病。

五、治理光污染的途径

1. 玻璃幕墙使用时要注意其反射光对周边居民与路上车辆的影响。家里安装遮光能力强的窗帘。

2. 加强城市规划管理，合理布置光源。加强广告灯和霓虹灯的管理，禁止使用大功率强光源，控制使用大功率民用激光装置，限制使用反射系数较大的材料。

3. 国家制定与光污染有关的技术规范和相应的法律法规。

4. 大力推广使用新型节能光源，让城市的夜景照明更节能。

5. 在强光下工作要注意防晒，采取适当的防晒措施。

★ 活动资料

一、防晒原理

在化妆品中添加防晒剂,利用防晒剂对紫外线的反射、散射或吸收等原理实现对皮肤的防护。

物理类防晒剂:如二氧化钛、氧化锌可将紫外线进行反射、散射。

化学类防晒剂:如二苯酮、水杨酸乙基己酯,能够和紫外线发生反应,吸收紫外线。

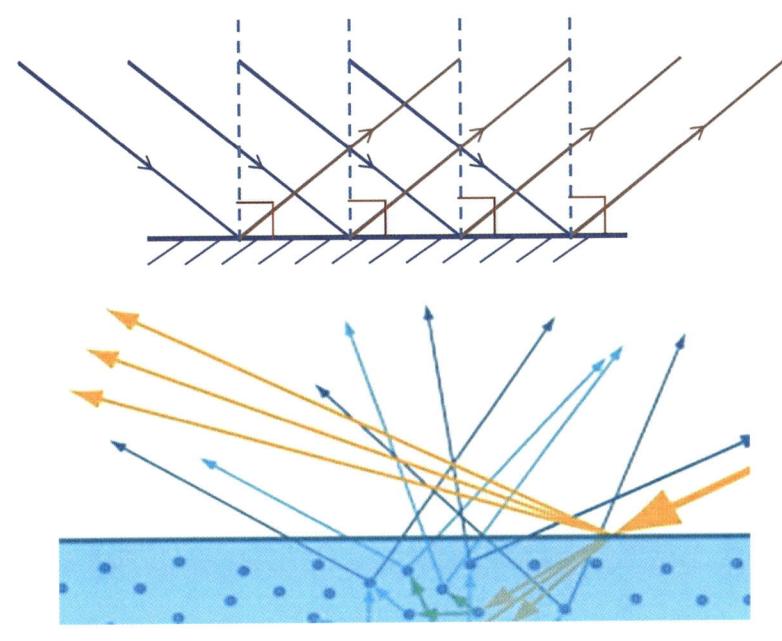

物理防晒原理图

二、关于光污染的相关治理措施

1. 不按规定使用远光将面临扣 1 分和罚款(20—200 元不等)。

2. 不同材质的物体反射率不同,可以研发反射率较低又能满足日常光照需要的新型材料等。

3. 在城市景观灯上加灯罩,让灯光向下照明而非直射天空,就会显著减小对天文观测的影响。

4. 路灯、地脚灯等景观照明按时关闭,也可以让天文观测与节能减排实现"双赢"。

三、常用建筑材料的反射比和透射比

名称	材料名称	颜色	厚度(mm)	反射比	透射比
透光材料	普通玻璃	无	3	0.08	0.82
	普通玻璃	无	5~6	0.08	0.78
	磨砂玻璃	无	3~6	0.28~0.33	0.55~0.60
	乳白玻璃	白	1	/	0.60
	压花玻璃	无	3	/	0.57~0.71
	玻璃钢采光罩	本色	3~4层布	/	0.72~0.74
	聚苯乙烯板	无	3	/	0.78
	聚苯乙烯板	本色	2	/	0.60
	有机玻璃	无	2~6	/	0.85
建筑饰面材料	石膏	白	/	0.90~0.92	/
	乳胶漆	白	/	0.84	/
	大白粉	白	/	0.75	/
	调和漆	白、米黄	/	0.70	/
	调和漆	中黄	/	0.57	/
	水泥砂浆抹面	灰	/	0.32	/
	混凝土地面	深灰	/	0.20	/
	水磨石	白	/	0.70	/
	水磨石	白间绿	/	0.66	/
	水磨石	白间黑灰	/	0.52	/
	水磨石	黑灰	/	0.10	/
	塑料贴面板	浅黄木纹	/	0.36	/
	塑料贴面板	深棕木纹	/	0.12	/
	塑料墙纸	黄白	/	0.72	/
	塑料墙纸	浅粉色	/	0.65	/

案例 3

节约用水、减少水污染，从点滴做起

> **活动意图**

水是生命的乳汁，是经济的命脉，是地球奉献给人类最宝贵的资源。《义务教育物理课程标准（2011年版）》在内容设置中明确指出"用水的物态变化说明自然界中的一些水循环现象。了解我国和当地的水资源状况，有关心环境和节约用水的意识"。在各版本的教材中均介绍了地球上水的总储量大约为 $1.4\times10^9 km^3$，但其中约 96.5% 是海水，与我们生活密切相关的淡水只有 $3.5\times10^7 km^3$。学生了解到我国淡水资源严重缺乏，水的需求量越来越大，身边的水源污染却日益加剧。如何加强水资源的保护，这是值得人们思考的问题。

通过活动让学生知道节约用水和减少水污染的重要性和紧迫性，树立节约用水和主动减少水污染的意识，同时激发学生对学习环保知识的兴趣，使学生深刻认识到保护环境的重要意义，树立起强烈的环保意识。

★活动年级

八年级

★活动目的

1. 了解我国以及成都缺水及水污染的现状。
2. 通过活动知道水污染的现状及造成水污染的主要原因。
3. 通过活动了解生活中的浪费水的现象。
4. 通过活动帮助学生养成节约用水的习惯，增强防止水污染、节约用水的环保意识。

★活动准备

1. 课内学习：《义务教育教科书物理》（教科版）八年级上册第五章第四节《地球上的水循环》。
2. 课外学习：小组合作查阅资料，了解世界、我国和成都水资源的概况。

◆ 活动步骤

1. 实地调查"水浪费"和"水污染"

（1）设计调查方案。

（2）通过观察生活、实地走访调查，了解生活、生产中浪费水的现象，以及水污染的来源。

（3）小组内部交流讨论，形成活动成果，以调查报告、视频、PPT等形式呈现。

2. 分板块汇报活动成果，交流讨论形成共识

（1）水资源概况

分小组交流了解到的水资源概况，教师根据学生的交流进行总结，并展示世界、我国和成都水资源的相关材料。

（2）水浪费

①交流生活、生产中浪费水的现象。

②学生活动：算一算。

如果一个水龙头坏了（或用水后没有关好水龙头），每秒钟滴2滴水，假设平均20滴水为1mL，那么一昼夜滴的水大约可供一个人补充水分多少天？这给了我们什么启示？（以一个人每天大约需要补水2.5L计）

> 一昼夜滴的水：$24 \times 3\,600s \times 2$ 滴/s=172 800 滴；V=172 800 滴/（20 滴/mL）=8 640mL=8.64L；
>
> 8.64L/（2.5L/天）=3.456 天

> 启示：如果有许多水龙头都是这样，那么浪费的水量将是惊人的。因此节约水资源要从一点一滴做起，从自我做起，珍惜每一滴水！

③交流节约用水的建议。

（3）水污染

①对水污染的现状及造成水污染的主要原因进行交流；

②讨论如何减少生活中的水污染；

③给学校、社区提出减少水污染的建议。

3. 教师总结

通过交流我们知道了节约用水和减少水污染的重要性,希望大家落实到行动上,做一个"节约用水,减少水污染"的小卫士!

4. 做环保小卫士

(1)制作"节约用水,减少水污染"的手抄报,并在班级文化墙展出。

(2)给学校、社区等提出五条有关节约用水、减少水污染的建议,并制作宣传手册。

(3)分小组走进社区,进行"节约用水,减少水污染"宣传活动。

★ 活动成果

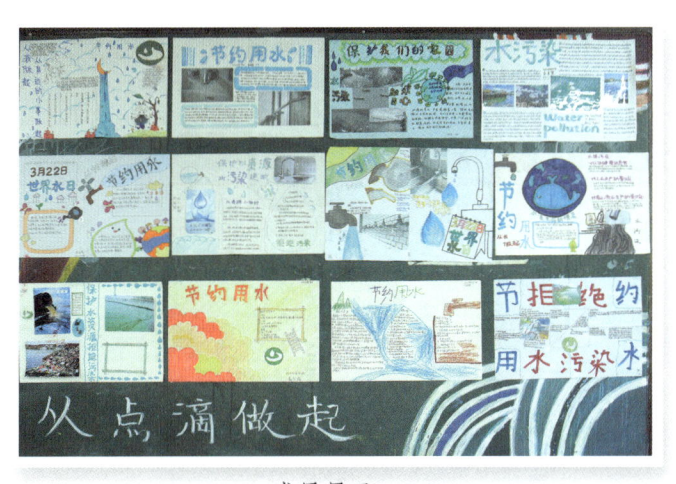

成果展示一

成果展示二

成果展示三

成果展示四

成果展示五

成果展示六

成果展示七

成果展示八

第四篇　物理的科学精神与生态文明意识

73

★ 活动资料

一、世界水资源概况

1. 淡水资源匮乏。地球上的水总体积约有13亿8600万立方千米，其中96.5%的水分布在海洋，淡水只有3500万立方千米左右，只占总水量的2.5%，若扣除无法取用的冰川和高山顶上的冰冠，以及分布在盐碱湖和内海的水量，陆地上淡水湖和河流的水量不到地球总水量的1%，而这1%的淡水只有25%可供人们使用。

2. 水资源分布不均。约65%的水资源集中在不到10个国家，而约占世界人口总数40%的80个国家和地区却严重缺水。

二、我国水资源概况

我国是一个水资源短缺、水旱灾害频发的国家。如果从水资源总量来看，我国水资源总量居世界第六位，但是我国人口众多，若按人均水资源量计算，人均占有量约为世界人均占有量的1/4，在世界排第110位，已经被联合国列为13个贫水国家之一。

2010—2019年中国水资源总量及水资源人均占有量统计情况

年份	中国水资源总量(亿立方米)	中国水资源人均占有量(立方米/人)
2010	30 906	2 305
2011	23 257	1 726
2012	29 527	2 181
2013	27 958	2 055
2014	27 267	1 999
2015	27 963	2 039
2016	32 466	2 355
2017	28 761	2 075
2018	27 427	1 972
2019	28 670	2 048

三、成都水资源概况

成都市降水丰沛，河网密度大，有岷江、沱江等12条干流及几十条支流，加上驰名中外的都江堰水利工程，库、塘、堰、渠星罗棋布，基本上能满足成都市人民生活和生产建设用水。

但成都已经被列为全国缺水城市之一，存在供水水源较单一、水资源开发强度大等问题。目前，成都市中心城区和多市区（市）县、乡镇饮用水源均来自岷江。近年来，岷江上游来水减少10%，而水资源开发强度已达80%，已远远超过国际公认的40%水资源开发警戒线；一些河流最小生态流量已不能满足多年平均流量10%—30%的生态基流要求，甚至出现断流或干涸，水资源供需矛盾将进一步凸显。另外，成都中心城区河流污染较严重，河道治理任重道远。

案例 4

汽车能源利用与环境

活动意图

我们的主要交通工具——汽车，已经是许多城市环境污染的主要来源之一。汽油和柴油的燃烧排放了大量氮氧化物、碳氧化物和铅，汽车内燃机的废气和冷却水带走了大量的燃料。

保护环境已经成为当前需要解决的重要课题，义务教育教科书《物理》（教科版）九年级《改变世界的热机》从热机和热机效率的角度向学生介绍了热机。本课题从实际生活出发，结合教材中的热机知识，促使学生从生活实际中去了解汽车能源利用对环境的影响，关注能源利用及生态环境。

★ **活动年级**

九年级

★ **活动目的**

1. 了解生活中汽车在利用能源的过程中对环境造成的破坏。

2. 通过调查，了解汽车能源利用过程中对环境破坏的方式。

3. 倡导社会通过采取各种措施，改善汽车能源利用过程中对环境破坏的情况。

★ **活动准备**

手机、电脑、调查表

★ **活动步骤**

1. **查阅资料**

查阅资料，了解生活中汽车能源利用对环境造成的破坏。

2. **社会调查**

（1）到社区或街头进行采访，了解家庭用车以及共享单车、共享汽车的使用情况。

学生街头采访家庭用车情况　　　学生在社区调查共享单车使用量

（2）到加油站、修理厂进行跟进调查，了解汽车能源利用对环境的影响及目前的改善情况。

学生在汽车修理厂进行调查　　　学生在加油站进行调查

（3）学生调查公共交通使用情况并整理记录。

调查对象：公交公司
调查内容：
1. 公交车的每天使用量或出车量
2. 燃油车与电动车的数量
3. 电动车的比例及发展趋势
……

学生提前整理相关问题

学生在地铁站采访工作人员

3. 形成方案

（1）讨论通过何种方式可以减少汽车能源利用过程中对环境的破坏。

（2）小组合作完成调查报告及宣传海报。

（3）校外宣传，倡导社会通过采取各种措施，改善能源利用过程中对环境的破坏情况。

★ 活动成果

调查报告

一、汽车能源利用对环境的破坏

1. 污染空气，造成不同程度的雾霾。

2. 导致公路边的绿化带受到损害。

3. 排放大量有害气体和污染物质。

4. 是导致石油资源匮乏的原因之一。

二、汽车能源利用现状

1. 随着现代社会的发展，汽车保有量在不断地上升，而石油等燃料资源却日益捉襟见肘。

2. 消耗大量汽油的汽车不断排放着有害气体和污染物质，为了减少车辆污染物排放量，全国各城市将原来的93、97号油换成了现在的92、95号油。

3. 解决问题的最终之道当然不是限制汽车工业发展，而是开发替代汽油的新能源，例如现在所使用的燃料电池，还有像氢这样的新能源。

三、改善汽车能源利用对环境破坏的途径

1. 提倡使用公共交通。

2. 利用新能源对公交车、家用汽车等进行改造。

3. 使用共享单车、共享助力车、共享电瓶车及共享电动汽车等。

4. 实行每天限行，每周限行等方案。

5. 每个居民都应该为城市的环境着想，尽量少使用私家车。

6. 应在电视、网络、汽车销售公司等地方宣传如何改善汽车能源利用对环境的破坏情况。

7. 对居民买车数量及类型进行适当限制。

四、收获与总结

本次汽车能源调查我们收获了很多。

首先，我们收获了团结。只有所有人团结起来，并且合理地分配每个人的调查任务，才能高效地完成本次调查。其次，在调查过程中我们发现，当今社会人们的环境保护意识较差，就连对共享单车的使用都不能做到用完后在规定位置停放好。社会在方便人们，但人们却在阻拦更方便的社会。

希望在不久之后国家能够对汽车能源利用产生污染这一现象作出更多的改善方案，也希望大家多用共享单车。

我们应该更加懂得如何去爱护环境，应该好好珍惜和保护我们现在的环境。例如，可以号召周边的人爱护环境，少使用私家车，多步行，多使用公共交通工具。在社会给我们提供方便的同时，我们也应该方便社会。单车骑行后要放到规定的位置，不要给他人增加不便。

在采访中，我们了解到了加油站为什么改变油品和改变油品的好处，体验到了采访成功的喜悦与采访失败的无奈。

最后，我们到街头进行了环保宣讲，倡议大家多使用公共交通或新能源汽车，减少汽车废气污染。环境保护从我们做起！

学生在街头进行环保宣讲

环境保护的宣传海报

★活动资料

1. 汽车发动机燃料能量流向

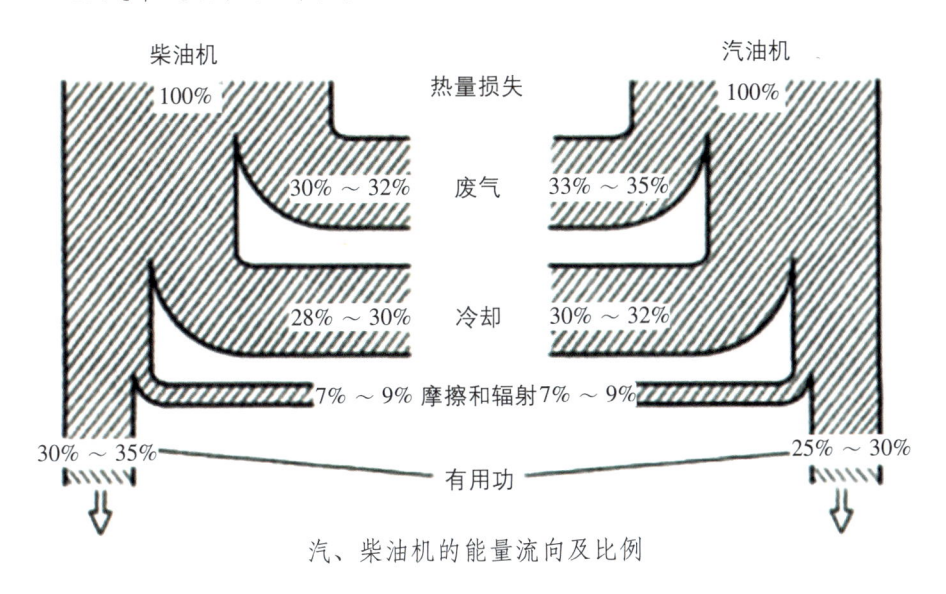

柴油机		汽油机
100%	热量损失	100%
30%～32%	废气	33%～35%
28%～30%	冷却	30%～32%
7%～9%	摩擦和辐射	7%～9%
30%～35%	有用功	25%～30%

汽、柴油机的能量流向及比例

2. 汽车尾气的危害

从世界范围来看,汽车尾气已然成为空气污染的一大重要原因,科学分析表明,汽车尾气中含有上百种不同的化合物,其中的污染物有固体悬浮微粒、一氧化碳、二氧化碳、碳氢化合物、氮氧化合物、铅及硫氧化合物等。一辆轿车一年排出的有害废气比自身重量大3倍。英国空气洁净和环境保护协会曾发表研究报告称,与交通事故遇难者相比,英国每年死于空气污染的人要多出10倍左右。

尾气在直接危害人体健康的同时,还会对人类生活的环境产生深远影响。尾气中的二氧化硫具有强烈的刺激气味,达到一定浓度时容易导致"酸雨"的发生,造成土壤和水源酸化,影响农作物和森林的生长。近100年来,温室效应已成为人类的一大祸患,冰川融化、海平面上升、厄尔尼诺现象、拉尼娜现象等都使人类的生存面临着极为严峻的挑战,而二氧化碳则是导致温室效应的罪魁祸首。

案例 5

认识家用电器的能效标识

活动意图

建立能效标识制度对提高耗能设备能源效率，提高消费者的节能意识，缓解社会面临的能源约束矛盾具有重要的意义。

《义务教育物理课程标准(2011年版)》提出了"有节约用电的意识"的教学要求。义务教育教科书《物理》（教科版）九年级上册第六章第一节《电功》"发展空间"栏目设置了认识"家用电器的能效标识"内容。对此内容，安排一次课外实践活动，并利用课堂教学实践，让同学们分享走访调查成果，有利于培养学生节约用电的意识和关注科技前沿成果的科学态度与责任。

★ **活动年级**

九年级

★ **活动目的**

1. 了解哪些家电有能效标识以及能效标识的含义。
2. 通过制作视频或绘制手抄报向家长、老师或同学介绍能效标识，培养节约用电的意识。

★ **活动准备**

电脑、纸、笔、拍照设备

"能效标识"漫画

★ 活动步骤

1. 查阅资料

什么是"能效"和"能效等级"?

2. 问卷调查

（1）教师指导学生制作调查问卷；

（2）通过在线方式向家长发放调查问卷，向学生发放纸质调查问卷；

（3）通过对问卷结果进行分析，发现问题，并提出一些建议。

3. 走访商场

（1）哪些家用电器有能效标识?

（2）如何根据"能效标识"选择家电?

贴有"能效标识"的空调

贴有"能效标识"的冰箱

4. 制作视频或手抄报（形式、主题任选一个）

视频：

（1）如何看懂能效标识?

（2）手把手教你选家电。

手抄报：

（1）一图看透能效标识。

（2）我家常用家电一小时所耗电能统计图。

5. 展示交流（教师组织学生在课堂上展示交流）

★ 活动成果

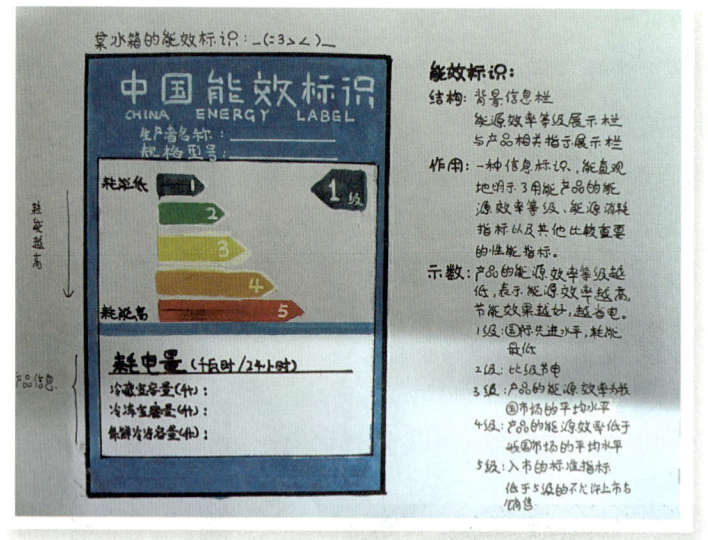

成果展示一

成果展示二

★ 活动资料

1. 什么是能效标识

能效标识又称能源效率标识，是附在耗能产品或其最小包装物上，表示产品能源效率等级和性能指标的一种信息标签，目的是为用户和消费者的购买决策提供必要的信息，以引导和帮助消费者选择高能效节能产品。

能效标识为蓝白背景，顶部标有"中国能效标识"（CHINA ENERGY LABEL）字样，背部有粘性，要求粘贴在产品的正面面板上。标识上有产品规格型号、能源效率等级等信息，2016年发布的中国信息能源标识新样式上要求加施能效信息码。

中国能效标识（2016版）

能源效率等级是判断产品是否节能的最重要指标，产品的能源效率等级越低，表示能源效率越高，节能效果越好，越省电。目前我国的能效标识将能效分为1、2、3、4、5共五个等级。

等级1：产品达到国际先进水平，最节电，即耗能最低；

等级2：比较节电，为节能型产品；

等级3：产品的能源效率为我国市场的平均水平；

等级4：产品能源效率低于我国市场平均水平；

等级5：市场准入指标，低于该等级要求的产品不允许生产和销售。

2. 问卷调查

家电能源效率标识调查问卷

（1）您知道家用电器要标注能源效率标识吗？

知道□　　不知道□

（2）选购家用电器的时候，您会注意能源效率标识的等级吗？

注意□　　不注意□

（3）在您选购家电时，对以下方面的关注顺序是（按照1—5顺序排列）

品牌□　　价格□　　外观□　　功能□　　耗电□

（4）您的家庭使用的主要电器有哪些？平均每天工作时间分别是多长？

示例：电饭锅—1小时

第四篇　物理的科学精神与生态文明意识

第五篇
化学的绿色使命

化学是一门历史悠久的基础科学学科,是研究化学变化的科学。随着科技的飞速发展,化学给人类的生存和发展提供了非常多的便利,可是谈到化学大多数人便想到污染,近年来备受关注的雾霾、水土污染、重金属污染等化学事件的负面形象更引发了公众的抵触心理。

生态兴则文明兴,生态衰则文明衰。习近平总书记特别强调,"生态文明建设是关系中华民族永续发展的根本大计"。"十四五"规划也明确提出,"广泛形成绿色生产生活方式,碳排放达峰后稳中有降,生态环境根本好转,美丽中国建设目标基本实现"。在化学启蒙教育阶段,让九年级学生第一次真正意义上学习这门学科时就了解化学与生态文明建设的密切关联,在学习中明白人类活动给环境带来的影响,有意识地运用化学知识保护和改善环境,是化学教育的重要责任。在学生接触化学之初,也就是在初中化学的教学中渗透生态文明教育,势在必行。

要想真正践行"绿水青山就是金山银山"理念,教师应依据课程标准,充分利用丰富的教学资源,在课堂教学中融入生态文明教育,在教学评价中强化生态文明教育,在化学实验中践行生态文明教育,在课外实践活动中传播生态文明教育,让"绿色化学"理念根植于学生心中,渗透于学生的日常行为中。

附表一： 《义务教育化学课程标准（2011年版）》中生态文明相关内容梳理

一级主题	二级主题	内容标准	活动与探究建议
身边的化学物质	• 我们周围的空气 • 金属与金属矿物 • 生活中常见的化合物	• 了解自然界的碳循环和氧循环 • 认识废弃金属对环境的影响和回收金属的重要性 • 知道酸碱性对人体健康和农作物生长的影响	• 辩论：空气中的二氧化碳会越来越多吗？氧气会耗尽吗？ • 调查日常生活中金属垃圾的种类，分析回收的价值和可能性 • 收集有关酸碱对生态环境和建筑物危害的资料
物质的化学变化	• 认识几种化学反应	• 知道利用化学变化可以获得新物质，以适应生活和生产的需要	• 小组协作完成当地土壤酸碱性测定的实验，提出土壤改良的建议或适宜的种植方案
化学与社会发展	• 化学与能源和资源的利用 • 常见的化学合成材料 • 保护好我们的环境	• 认识燃料完全燃烧的重要性，了解使用氢气、天然气（或沼气）、石油液化气、煤气、酒精、汽油和煤等燃料对环境的影响，懂得选择对环境污染较小的燃料 • 了解使用合成材料对人和环境的影响 • 认识处理"三废"（废水、废气和废渣）的必要性及一般原则 • 了解典型的大气、水、土壤污染物的来源及危害	• 讨论：在氢气、甲烷（天然气、沼气）、煤气、酒精、汽油和柴油中，你认为哪一种燃料最理想？ • 调查"白色污染"形成的原因，提出减少这类污染的建议 • 参观本地的"三废"处理设施（或观看有关影像资料），组织讨论。 • 设计实验，探究农药、化肥对农作物或水生生物生长的影响 • 辩论：使用农药、化肥对人类是利多还是弊多？

（续表）

一级主题	二级主题	内容标准	活动与探究建议
		• 初步形成正确、合理地使用化学品的意识，认识化学在环境监测与环境保护中的重要作用	• 从报刊、电视或其他媒体上收集一段时间以来当地空气质量周（日）报或相关信息，分析这一时段空气质量变化的原因 • 从环保部门（或环保网站）了解当地的环境污染情况，参与有关的环境监测活动，提出减少污染的初步建议

附表二：义务教育教科书《化学》（人教版）九年级中生态文明内容梳理

内容		生态文明内容
第二单元 我们周围的空气	2.1 空气	• 空气的污染与保护
第四单元 自然界的水	4.1 爱护水资源 4.2 水的净化	• 水资源现状 • 水资源的污染与保护 • 农村和城市水的净化途径
第六单元 碳和碳的氧化物	6.3 二氧化碳和一氧化碳	• 二氧化碳排放过多引起的全球气候变暖问题 • 碳足迹的测量和监控对环境的影响 • 如何实现"碳中和"
第七单元 燃烧及其利用	7.2 燃料的合理利用与开发	• 化石燃料燃烧引起的环境问题
第八单元 金属和金属材料	8.3 金属资源的利用和保护	• 重金属带来的环境问题 • 电池的回收与利用 • 金属的合理开采与保护
第十单元 酸和碱	10.1 常见的酸和碱	• 工厂酸性和碱性废水的处理
第十一单元 盐 化肥	11.2 化学肥料	• 使用化肥、农药对人类生活与环境的影响
第十二单元 化学与生活	12.3 有机合成材料	• 白色污染的产生、影响和防治
学生实验活动	学生实验活动1-8；中考实验操作考试	• 化学实验室废气、废液、废渣的处理

案例 1

清洁水资源

活动意图

随着近年来水体污染引发的环境问题不断加剧，爱护水资源越来越被人类所关注。《义务教育化学课程标准（2011年版）》提出，要让学生逐步树立珍惜水资源、爱护环境、合理使用化学物质的观念，义务教育教科书《化学》（人教版）九年级在《自然界的水》这一单元各个课题都对水体污染和水的净化方面的内容有所涉及。本活动旨在让九年级学生了解水体污染的成因、防治措施，以及如何科学地节约用水，让学生学会用化学知识践行环境保护，增强其社会责任感。

★ **活动年级**

九年级

★ **活动目的**

1. 通过调查，了解水体污染的成因，了解生活中一些具体的水体污染现象，认识防治水体污染的具体方法和相关的治理措施。

2. 通过小组合作，调查、了解学校和家庭节约用水与污水处理的具体方法，设计并制作节约用水的班级公约、宣传海报、节水标语等。

3. 通过调查，了解从天然水到自来水的净水过程，利用化学实验模拟净水过程，且小组合作制作自己的净水神器。

★ **活动准备**

1. 学生准备：
课前调查的汇报PPT、小组合作制作的净水器
2. 教师准备：
（1）河流中的天然水样
（2）净水仪器：漏斗、烧杯、玻璃棒、铁架台、滤纸
（3）净水药品：明矾、活性炭、消毒丸

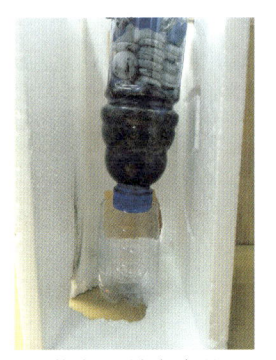

学生自制净水器

★ **活动步骤**

课前：

一、活动分组

1. 要求每组 8 人，学生可先自愿进行分组，教师再根据学生具体情况进行调整。

2. 分组名单确定后，进行角色分配，组内选出小组长统筹规划，选择出 PPT 制作美化人员、资料查阅与整理人员、宣传海报策划与制作人员等。

二、搜集资料

可以通过网络查阅相关资料，也可以采取网络调研的方式进行资料的收集，还可以将小组内的讨论成果进行汇总整理。

三、制作 PPT

将所搜集资料汇总整合后，PPT 制作和美化人员进行制作，制作完成后将 PPT 发到小组讨论群里，进行进一步的讨论与修改。

课中：

一、小组汇报水体污染的成因和防治措施

1. 汇报水体污染引发的环境问题。

2. 汇报水体污染的成因。

3. 汇报水污染的防治措施。

4. 汇报在学校和家里，分别有哪些防治水体污染的方法？

二、小组讨论节约用水的具体措施

1. 根据小组汇报，小组内讨论提倡节约用水的原因。

小组汇报

2. 小组交流讨论，分享节约用水的具体措施。

3. 小组间相互交流，设计和制作节约用水的班级公约、宣传海报和节水标语等。

三、总结归纳净水方法

1. 根据查阅的资料和调查的自来水厂，总结天然水到饮用水的净水过程。

2. 利用提供的药品和小组准备的净水器，净化天然水样，小组间比较净水效果。

★活动成果

节水公约、宣传标语和手抄报的展示与宣传：可以将学生的活动成果展示到班级的展板上；还可以据此与其他班级的学生进行交流讨论，寻求切合实际的节水方法。

学生作品一：班级净水公约

学生作品二：净水宣传标语

学生作品三：选择净水器的手抄报

★活动资料

一、水体污染概念

当进入水体的污染物超过了水体的环境容量或水体的自净能力，就会使水质变坏，从而破坏水体的原有价值和作用，这种现象被称为水体污染。水体污染的原因有两类：一是自然的，二是人为的。

二、水体污染物

水体污染物是指进入水体后使水体的正常组成和性质发生直接或间接有害于人类的变化的物质。常见水体污染物主要有以下几种。

1. 酸、碱、盐等无机污染物

水体中酸、碱、盐等无机物的污染，主要来自冶金、化学纤维、造纸、印染、炼油、农药等工业废水及酸雨。水体的pH小于6.5或大于8.5时，都会使水生生物受到不良影响，严重时甚至造成鱼虾绝迹。水体含盐量增高，会影响工农业及生活用水的水质，如用其灌溉农田会使土地盐碱化。

2. 重金属污染物

污染水体的重金属主要有：汞、镉、铅、铬、钒、钴、钡等，其中汞的毒性最大，镉、铅、铬也有较大毒性。重金属在工厂、矿山生产过程中随废水排出，进入水体后不能被微生物降解，经食物链的富集作用，能逐级在较高级生物体内千百倍地增加含量，最终进入人体，危害人体健康。

3. 耗氧污染物

生活污水、食品加工和造纸等工业废水中，含有碳水化合物、蛋白质、油脂、木质素等有机物质。这些物质悬浮或溶解于污水中，经微生物的生物化学作用而分解。在分解过程中要消耗氧气，因而被称为耗氧污染物。这类污染物会造成水中溶解氧减少，影响鱼类和其他水生生物的生存。水中溶解氧耗尽后，有机物将进行厌氧分解，产生H_2S、NH_3和一些有难闻气味的有机物，使水质进一步恶化。

4. 营养性污染物

生活污水和某些工业废水中，经常含有一定量的氮和磷等植物营养物质；施用磷肥、氮肥的农田水中，常含有磷和氮；含洗涤剂的污水中也含有磷。水体中过量的磷和氮，为水中微生物和藻类提供了营养，使得蓝绿藻和红藻迅速生长，它们的繁殖、生长、腐败，引起水中氧气大量减少，导致水质恶化、鱼虾等水生生物死亡。这种由于水体中植物营养物质过多蓄积而引起的污染，叫作水体的"富营养化"。这种现象在海湾出现叫作"赤潮"。

案例 2

争做低碳先锋

活动意图

《义务教育化学课程标准（2011年版）》提出，要让学生逐步树立珍惜资源、爱护环境、合理使用化学物质的观念，义务教育教科书《化学》（人教版）九年级在《地球周围的空气》和《碳和碳的氧化物》两个单元中，都对全球气候变暖问题有所涉及，无论是从国家还是从个人层面，青少年都应树立低碳行动人人有责的观念。本活动旨在引导学生自觉践行低碳行动，将低碳理念传播给更多的人，树立保护环境人人有责的社会责任感。

★活动年级

  九年级

★活动目的

  1. 制定班级低碳公约，争做低碳先锋；设计和制作宣传海报，呼吁更多人了解低碳、重视低碳。

  2. 手工制作低碳环保物品，倡导和宣传低碳理念。

★活动准备

  1. A3大小卡纸、彩色水彩笔、勾线笔等必要绘画用品

  2. 学生自制低碳环保手工艺品

  3. 低碳行动调查问卷的统计报告

★活动步骤

  一、你真的了解低碳吗？

  教师发布学生前期完成的低碳行动调查问卷的统计报告，点拨"低碳"的概念；学生根据真实数据反馈进行讨论，对部分同学的错误观念和做法进行纠正，交流中学生力所能及的低碳策略。

二、践行低碳，从我做起

1. 根据低碳策略，制定班级低碳公约。
2. 分组设计低碳公益广告语，制作低碳宣传海报。

给自己的低碳小分队取一个响亮的队名；集体讨论，根据任务进行组内分工（1—2人负责讲解，1—2人负责绘画，1—2人负责书写），绘制草图。

3. 展示各小组的设计草图和低碳环保手工艺品，并阐述其设计理念。

三、低碳行动、人人有责

在校内展示低碳宣传海报，播放自制的低碳公益广告。

★ 活动成果

学生作品一

学生作品二

学生作品三

手工艺品一：废旧布料做的钱包

手工艺品二：冰棍棒做的笔筒

手工艺品三：旧衣服做的购物袋

低碳行动调查问卷统计报告（部分）

1. 对于"低碳"这个词你熟悉吗？（单选题）

选项	小计	比例
很熟悉	223	56.89%
比较熟悉	148	37.75%
不是很熟悉	21	5.36%
本题有效填写人次	392	

2. 你觉得"低碳行动"与我们的生活关系大吗？（单选题）

选项	小计	比例
没有什么关系	10	2.55%
觉得有必要低碳，但还没有采取行动	88	22.45%
关系人类命运，我正在采取行动减少碳排放	294	75%
本题有效填写人次	392	

3. 你认为什么是"低碳"？（单选题）

选项	小计	比例
降低二氧化碳的排放量	93	23.72%
降低含碳物质的使用量、排放量	37	9.44%
降低所有有害含碳物质的使用量、排放量	250	63.78%
没有听说过，不清楚是什么	12	3.06%
本题有效填写人次	392	

4. 你是从哪些途径了解到"低碳"的？（多选题）

选项	小计	比例
从朋友口中	186	47.45%
网络、报纸、电视等媒体宣传	356	90.82%
商家的广告里	154	39.29%
环保志愿者的宣传	281	71.68%
相关部门组织的宣传活动	278	70.92%
本题有效填写人次	392	

5. 你知道生活中哪些行为会增加碳的排放么？（单选题）

选项	小计	比例
知道	314	80.1%
不知道，也不想知道	6	1.53%
不清楚，想知道	72	18.37%
本题有效填写人次	392	

★活动资料

低碳行动调查问卷

1. 对于"低碳"这个词你熟悉吗?
   - A. 很熟悉
   - B. 比较熟悉
   - C. 不是很熟悉

2. 你觉得"低碳"行动与我们的生活关系大吗?
   - A. 没有什么关系,"低碳"不能解决根本问题
   - B. 觉得有必要有所行动,但还没有采取行动
   - C. 关系人类命运,我正在采取行动减少碳排放

3. 你认为什么是"低碳"?
   - A. 降低二氧化碳的排放量
   - B. 降低含碳物质的使用量、排放量
   - C. 降低所有有害含碳物质的使用量、排放量
   - D. 没有听说过,不清楚是什么

4. 你是从哪些途径了解到"低碳"的?
   - A. 从朋友口中
   - B. 网络、报纸、电视等媒体宣传
   - C. 商家的广告里
   - D. 环保志愿者的宣传
   - E. 相关部门组织的宣传活动

5. 你知道生活中哪些行为会增加碳的排放吗?
   - A. 知道
   - B. 不知道,也不想知道
   - C. 不清楚,想知道

6. 在炎热的夏天,你在学校学习或在家里休息时一般把空调调到多少度?
   - A. 26度或以上
   - B. 20-25度
   - C. 16-20度

7. 你在生活中使用塑料袋吗?
   - A. 偶尔用一次
   - B. 很少
   - C. 常常

8. 时间允许的情况下,你是否会选择步行或乘坐公交车出行?
   - A. 经常
   - B. 很少
   - C. 几乎没有

9. 你是否考虑过你日常生活产生的碳排放对环境的影响?
   - A. 考虑过,也尽量低碳生活
   - B. 考虑过,但很难做到
   - C. 没考虑过,想要了解

10. 你出门就餐会选择?
 ○ A. 自带餐具
 ○ B. 外面提供的消毒餐具
 ○ C. 使用一次性餐具
11. 你的房间无人时是否会关灯?
 ○ A. 关灯　　○ B. 不一定　　○ C. 不关灯
12. 你经常双面使用纸张吗?
 ○ A. 经常　　○ B. 偶尔使用　　○ C. 几乎没有
13. 给你提供机会,你会参加植树吗?
 ○ A. 会去　　○ B. 如自付费用的话不会　　○ C. 不会去
14. 你平时买东西时,是否会尽量挑选节能环保型的?
 ○ A. 常常　　○ B. 不经常　　○ C. 从不
15. 日常生活中你是如何处理废旧电池的?
 ○ A. 放进专门回收箱
 ○ B. 随便扔进垃圾桶
 ○ C. 随便放
16. 你会主动把垃圾分类,然后再将其丢进对应的垃圾桶吗?
 ○ A. 经常　　○ B. 有时候　　○ C. 很少
17. 你参加过环保活动吗?
 ○ A. 经常　　○ B. 有过　　○ C. 没有

案例 3

将废旧手机"变废为宝"

活动意图

废旧手机的回收利用,既可以减少电子垃圾污染,又可以回收利用有用的材料,实现资源的循环利用,使用再生材料替代原材料还可有效节约,符合我国大力发展循环经济,建设节约型社会的现实目标。对废旧手机的成功回收利用必将产生良好的环境和经济效应。

《义务教育化学课程标准(2011年版)》提出,要让学生认识废弃金属对环境的影响和回收金属的重要性。义务教育教科书《化学》(人教版)九年级在《金属》这个单元对金属资源的使用现状、利用和保护等方面都有所涉及。本活动的目的是,让学生了解废旧手机随意闲置和丢弃的危害,认识废旧手机中金属回收的价值,增强金属资源保护和循环利用的意识。

★ **活动年级**

九年级

★ **活动目的**

1. 通过调查,了解初中生使用手机和废旧手机回收的现状。

2. 通过查阅资料和模拟实验,了解手机中所含金属以及随意闲置和丢弃手机带来的损失和危害。

3. 通过讨论交流,提出促进手机回收的方法并制作宣传海报,增强金属资源保护和循环利用的意识。

★ **活动准备**

1. 学生准备:

(1)完成问卷调查《初中生手机使用情况和废旧手机回收调查》;

(2)查找废旧手机相关资料,并制作成PPT。

2. 教师准备：

（1）编制调查问卷《初中生手机使用情况和废旧手机回收调查》；

（2）根据调查问卷结果制作统计图，并制作成PPT；

（3）准备演示实验用品：

新鲜蛋清和氯化钠、硝酸镉、硫酸汞、硫酸铅等盐溶液；试管、烧杯、药匙、滴管、玻璃棒、废液槽。

★ 活动步骤

1. 了解初中生手机使用情况和废旧手机回收现状

（1）教师展示问卷调查结果，学生了解身边同学手机使用情况和废旧手机回收现状。

（2）教师提出问题：为什么废旧手机不能随意闲置或丢弃？

2. 废旧手机的价值和随意丢弃的危害

（1）小组汇报：学生利用课前制作好的PPT展示废旧手机中所含金属，展示废旧手机的回收价值、困难和随意丢弃会带来的危害。

小组汇报

（2）演示实验：教师利用准备好的实验用品，利用对比实验比较钠离子和重金属离子对蛋白质的影响，模拟重金属对生物体的危害。

3. 探索手机回收和利用的方案

学生交流讨论，针对目前存在的回收现状，提出促进手机回收和利用的具体方法和途径。

4. 设计宣传手机回收和利用的作品

（1）绘制废旧手机回收和利用宣传海报，并在校内展示。

（2）小组合作设计废旧手机回收宣传手册，根据实际情况印制发放。

★ 活动成果

学生作品一

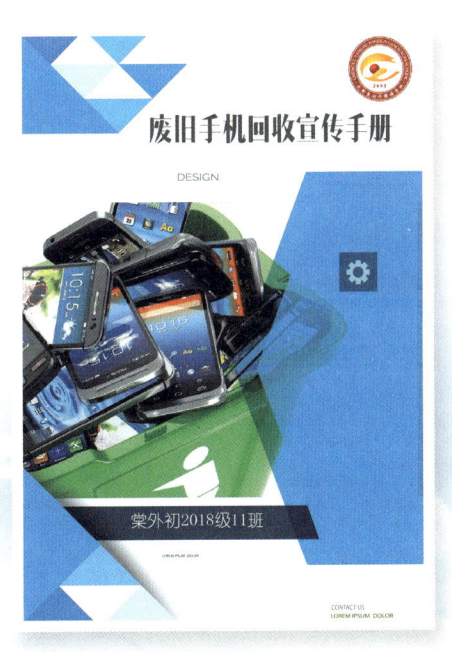

学生作品二

★活动资料

1. 手机中含有的金属

手机中的电子元器件、主板、芯片等零部件中包含多种金属，如铜、金、银、钯等回收价值高的贵金属，也含有铅、汞、镉、六价铬、锑、铍、镍、锌、聚溴二苯醚等有毒有害物质。

废旧手机各部分中含有的金属有所差异。

（1）废旧手机电路板中，含有铜、金、银、钯等有价金属，含量约为金 280g/t、银 2kg/t、铜 100kg/t、钯 100g/t。而金矿的含金量即使品味低至 3g/t，也具有开采价值，因为经过选矿得到的金精矿的含金量一般只有 70g/t 左右。我国铂族金属的平均品味只有 0.4g/t，世界铂族金属矿的品味为 0.6—23g/t。铜矿、银矿也达不到上述产量。

（2）手机电池有三种：镉镍电池、镍氢电池、锂离子电池。其中镉镍电池因毒性太大已属于淘汰之列。许多国家已不生产日常使用的镉镍电池，也禁止日常使用。镍氢电池解体可得正极、负极，正极主要为镍，负极为储氢合金，电解液为氢氧化钾溶液。废锂离子电池中的有价金属如锂、钴、镍和锰等如能实现回收利用，将有显著的经济效益。

2. 重金属

重金属，是指密度大于 4.5g/cm3 的金属，包括金、银、铜、铁、汞、铅、镉等，重金属在人体中累积达到一定程度，会造成慢性中毒。

在环境污染方面，重金属主要是指汞（水银）、镉、铅、铬以及类金属砷等生物毒性显著的重元素。重金属非常难以被生物降解，相反却能在食物链的生物放大作用下，成千百倍地富集，最后进入人体。重金属在人体内能和蛋白质及酶等发生强烈的相互作用，使它们失去活性，也可能在人体的某些器官中累积，造成慢性中毒。

3. 日本利用废旧手机等电子垃圾制作奥运奖牌

为了制作 2020 年东京奥运会、残奥会的奖牌，东京奥组委开展了名为"东京 2020 奖牌"的项目，向社会公开收集包括废旧手机在内的废旧小型电子设备。在 2017 年 4 月到 2019 年 3 月的近两年间，从全日本社会捐赠的废旧小型电子设备中提炼出了制作约 5 千枚金、银、铜奖牌所需的全部金属。奥运会、残奥会期间颁发给运动员的每一枚奖牌都由再生金属制作而成。

初中生手机使用情况和废旧手机回收调查

同学你好，本次调查旨在了解我校初中生手机使用情况和废旧手机回收情况，结果仅供课程研究之用，不会对外公开你的个人信息，请根据实际情况如实填写！

1. 你的姓名：_____
2. 你的班级：_____
3. 你家中有无废旧手机？（已无使用价值或不再使用）
   - ○ A. 无
   - ○ B. 1-2部
   - ○ C. 2部以上
4. 你通常多长时间换一部手机？
   - ○ A. 1-8个月
   - ○ B. 8-16个月
   - ○ C. 16-36个月
5. 你更换手机的原因主要是
   - ○ A. 手机损坏无法维修或丢失不得不买
   - ○ B. 不喜欢旧的手机了
   - ○ C. 追求更好的手机性能
   - ○ D. 追求新款或名牌手机
6. 你对手机回收的价值是否了解？
   - ○ A. 了解
   - ○ B. 有一定了解
   - ○ C. 不是很了解
7. 你了解废旧手机对环境有哪些影响吗？
   - ○ A. 了解
   - ○ B. 有一定了解
   - ○ C. 不是很了解
8. 你认为目前影响废旧手机回收的因素有哪些？（可多选）
   - ○ A. 网点太少回收渠道较为单一
   - ○ B. 人们的环保意识普遍不高
   - ○ C. 缺少一定的经济鼓励
   - ○ D. 手机生产商参与积极性较低
   - ○ E. 政府支持力度不够
   - ○ F. 其他
9. 你认为怎么样做会增加大家对手机回收的积极性？（可多选）
   - ○ A. 以公益为目的的回收
   - ○ B. 有便利的回收点
   - ○ C. 提高回收的价格
   - ○ D. 回收过程透明化
10. 你家中闲置的废旧手机一般会怎样处理？
    - ○ A. 给他人继续使用
    - ○ B. 用于换购或者出售
    - ○ C. 闲置
    - ○ D. 做为备用机

11. 你愿意通过什么样的方式来处理您的废旧手机？（可多选）
   ○ A. 出售　　　　○ B. 以旧换新补差价　　○ C. 丢弃或进行回收利用
12. 你是否愿意将你的手机交给专业团队进行循环利用？
   ○ A. 愿意　　　　○ B. 不愿意　　　　○ C. 视具体情况而定
13. 如果设立正规的有偿废旧手机处理机构，您会愿意把手机送到那里处理吗？
   ○ A. 完全愿意　　　　　　○ B. 愿意
   ○ C. 不愿意　　　　　　　○ D. 不清楚
14. 如果您不愿意将手机进行回收，那么可能的原因是？
   ○ A. 担心个人信息泄漏　　　　○ B. 留着备用
   ○ C. 不知道去哪儿进行回收　　○ D. 其他
15. 您认为对于手机回收的宣传是否到位？
   ○ A. 到位　　　○ B. 不到位　　　○ C. 从未听说
16. 如果您身边有关于废旧手机回收的活动，你是否愿意参加？
   ○ A. 完全愿意　　○ B. 愿意　　　　○ C. 不愿意
17. 您是更倾向于以旧换新回收还是有偿性回收？
   ○ A. 有偿回收　　　○ B. 以旧换新（需要补差价）
18. 您对废旧手机的回收处理有什么好的建议？

_____
_____
_____
_____
_____

案例 4

让人头痛的白色污染

活动意图

《义务教育化学课程标准（2011年版）》要求调查白色污染的形成原因，提出减少这类污染的建议。本活动旨在让学生通过调查，了解白色污染的形成原因和对环境、人类造成的危害，提出减少这类污染的建议，树立解决白色污染的环保理念。

★ **活动年级**

九年级

★ **活动目的**

1. 调查白色污染，了解家人、朋友、社区和学校缓解白色污染的具体做法，制作微视频，树立环保理念，拒绝白色污染。

2. 通过收集资料，以辩论的形式公正客观地评价塑料的功与过。

3. 通过小组合作制作手工艺品并进行网络传播，呼吁人们自觉行动来践行缓解白色污染的环保理念。

★ **活动准备**

1. 调查报告：学生查询并收集白色污染形成原因和危害的相关资料，为在课堂上设计和制作调查报告做好准备。

2. 微视频：学生走访调查缓解白色污染的做法，包括家人、朋友、社区和学校的做法，制作微视频。

3. 辩论资料：收集使用塑料的利与弊的相关资料，为分组讨论做好准备。

4. 手工艺品：根据调查、收集到的相关资料，准备各小组手工艺品的材料。

★ 活动步骤

1. 了解白色污染

（1）同学们分组交流，自主设计和制作白色污染的成因和危害的调查报告，树立解决白色污染的环保理念。

（2）分组展示走访调查缓解白色污染的具体做法的微视频，并在校园和网络上进行发布，呼吁更多人自觉践行缓解白色污染的环保理念。

（3）归纳缓解白色污染的常用做法，呼吁大家在日常生活和学习中自觉践行减少白色污染。

2. 评价塑料的功与过

同学们以"塑料的使用是利大于弊？还是弊大于利？"为题进行一场小型辩论，公正客观地评价塑料的功过，体会化学对社会发展的贡献，增强社会责任感，树立辩证看待事物的基本观念。

3. 设计和制作手工艺品

设计和制作手工艺品，并在校园和网络上进行发布，呼吁人们自觉行动，践行缓解白色污染的环保理念。

★ 活动成果

手工艺品一

手工艺品二

白色污染调查报告一

白色污染调查报告二

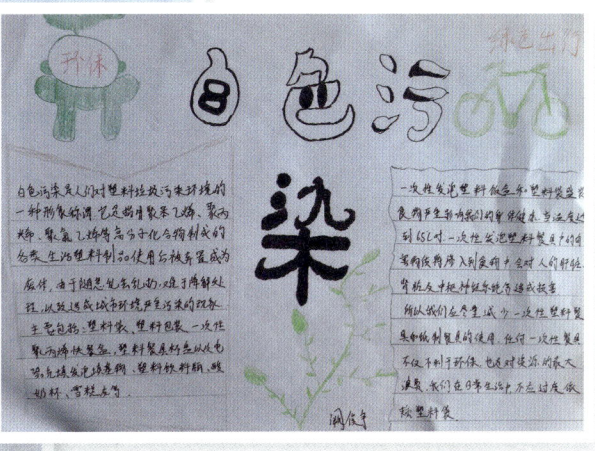

白色污染调查报告三

白色污染调查报告四

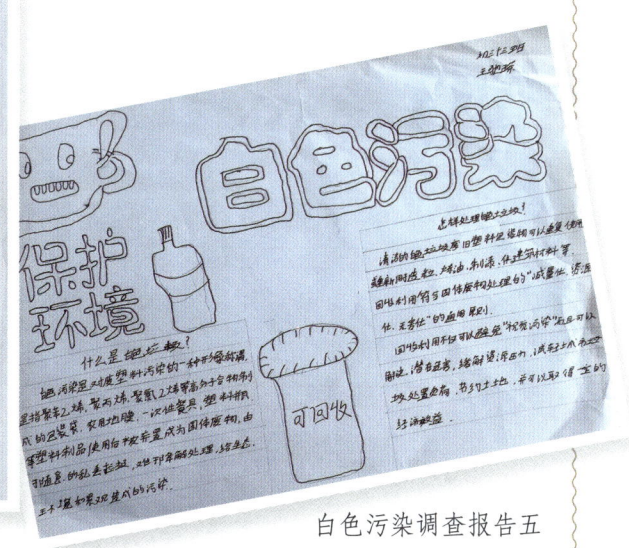

白色污染调查报告五

★ 活动资料

国家限塑令

《国务院办公厅关于限制生产销售使用塑料购物袋的通知》发布于2007年12月31日，是关于生产销售使用塑料购物袋的通知，目的是为了限制和减少塑料袋的使用，遏制"白色污染"。这份被群众称为"限塑令"的通知明确规定，"从2008年6月1日起，在全国范围内禁止生产、销售、使用厚度小于0.025毫米的塑料购物袋"，"自2008年6月1日起，在所有超市、商场、集贸市场等商品零售场所实行塑料购物袋有偿使用制度，一律不得免费提供塑料购物袋"。

1. 实施阶段

2008年6月1日是"限塑令"实施首日，从此天起，所有超市、商场、集贸市场等商品零售场所将一律不得免费提供塑料购物袋，也不得销售不符合国家标准的塑料购物袋。北京主要超市、商场、市场已纷纷亮出塑料购物袋收费的公示牌，售价最低为0.1元，最高则达到1.5元。

国内一些大型超市在"限塑令"发布的数月之前就已经开始有步骤地推行环保布袋。在广州某连锁超市，从2007年中秋节开始，就策划了如购买一定价格的商品即赠送精美环保布袋的一系列环保促销活动。但是，一些小商品店、菜市场等可能成为"限塑令"的"盲点"。

2020年7月17日，国家发展改革委等九个部门公布文件，文件要求扎实推进塑料污染治理工作，启动商场超市、集贸市场、餐饮行业等重点领域禁限塑推进情况专项执法检查。2020年，生态环境部、国家发展改革委会同各相关部门开展塑料污染治理督促检查联合专项行动，对各地实施方案制定、工作推进和监督执法情况进行部委联合督查。

2. 严厉惩罚

国家发改委等六部门于2011年7月8日下发通知，7月至8月在全国集中开展限制生产销售使用塑料购物袋专项行动，禁止无偿或变相无偿提供塑料购物袋，对违反规定的商品零售场所经营者，特别是集贸市场开办者将给予处罚。截至2011年6月，我国"限塑令"实施已经3年，超市、商场的塑料购物袋使用量普遍减少三分之二以上，但部分农贸市场"限塑令"执行不理想。超薄塑料购物袋容易破损，大多被随意丢弃，成为"白色污染"的主要来源。

通知指出，各地商务部门会同发展改革、工商等部门要加大在商品零售场所特别是集贸市场的宣传力度，提示经营者和消费者有偿提供合格塑料购物袋，引导市场开办者设立专营或兼营塑料购物袋经营摊位，实行塑料购物袋统一采购、销售。

此外，各地价格、工商部门要依照《商品零售场所塑料购物袋有偿使用管理办法》，对违反规定的商品零售场所经营者，特别是集贸市场开办者给予严厉处罚，在专项行动期间集中查处一批违规案件。

通知要求，对于集贸市场经营户销售超薄塑料购物袋的，由工商部门依据有关规定，对市场开办者予以处罚。对于集贸市场经营户不标明价格或不按规定的内容和方式标明价格销售塑料购物袋的，由价格部门责令市场开办者改正，并视情节依法予以处罚。

降解塑料

降解塑料是指一类其制品的各项性能可满足使用要求，在保存期内性能不变，而使用后在自然环境条件下能降解成对环境无害的物质的塑料。因此，也被称为可环境降解塑料。

1. 概念

聚合物的降解是指因化学和物理因素引起的聚合大分子链断裂的过程。聚合物暴露于氧、水、射线、化学品、污染物质、机械力、昆虫等动物以及微生物等环境条件下的大分子链断裂的降解过程被称为环境降解。降解使聚合物分子量下降，聚合物材料物性降低，直到聚合物材料丧失可使用性，这种现象也被称为聚合物材料的老化降解。

聚合物的老化降解和聚合物的稳定性有直接关系。聚合物的老化降解会缩短塑料的使用寿命。为此，自塑料问世以来，科学家就致力于对这类材料的防老化，即稳定化的研究，以制得高稳定性的聚合物材料。相反地，目前各国的科学家正利用聚合物的老化降解行为竞相开发环境降解塑料。

降解塑料的主要应用领域有：农用地膜、各类塑料包装袋、垃圾袋、商场购物袋以及一次性餐饮具等。

2. 降解原理

环境降解塑料的降解过程主要涉及生物降解、光降解和化学降解，这三种主要降解过程相互间具有增效、协同和连贯作用。例如，光降解与氧化物降解常同时进行并互相促进；生物降解更易发生在光降解过程之后。

案例 5

被忽视的污染源——实验室污染

活动意图

初级中等教育毕业考试（以下简称"中考"）化学实验操作是中考化学的重要组成部分，和平时上课演示实验或分组实验相比，该类实验操作具有药品使用量大，练习次数多的问题。因为学生们需要反复练习、熟练掌握该类实验的操作步骤，聚少成多，加上若量太少则不便处理，由此导致了比较突出的实验室污染问题。本活动以成都市2020年实验操作考试《试题4——探究锌、铜、镁的金属活动性》为例，引导学生利用化学知识处理污染物。

★ **活动年级**

九年级

★ **活动目的**

1. 通过实验进一步验证锌、铜、镁的金属活动性顺序。
2. 引导学生绘制污染处理的思维导图。
3. 设计常见金属与酸反应后的产物的处理方法，培养学生的环保意识。

★ **活动准备**

1. 中考实验操作试题单《试题4——探究锌、铜、镁的金属活动性》。
2. 《试题4——探究锌、铜、镁的金属活动性》中要求准备的药品及pH试纸（或pH计）、胶头滴管、氢氧化钠（NaOH）溶液，回收氯化锌（$ZnCl_2$）溶液的大烧杯。
3. 重金属污染和酸污染对环境造成危害的图片或视频。
4. 用于绘制思维导图的A4纸。

★活动步骤

1.实验验证锌、铜、镁的金属活动性顺序

学生通过盐酸分别与锌、铜、镁反应的实验,验证锌、铜、镁金属的活动性顺序。

思考:金属对环境的危害有哪些?与什么因素还有关系?

2.展示重金属污染和酸污染对环境造成危害的图片或视频

教师通过展示重金属污染和酸污染带来危害的图片或视频,让学生知道废水、废气和废渣处理的重要性。

3.设计废渣、废液处理的方案

设计废渣(如此实验中的铜)、废液(如此实验中的氯化锌和氯化镁废液)的处理方法,绘制思维导图。

4.进行废渣、废液处理实验操作

向锌片和稀盐酸反应后的混合物中加入锌粉,直到pH值等于7;向镁片和稀盐酸反应后的混合物中逐滴滴入氢氧化钠溶液直到pH值等于7;回收铜与稀盐酸反应后的金属铜片和稀盐酸备用。

学生通过实验处理废渣、废液

5.回收可以利用的物质

将可重复使用或可回收利用的固体、液体(如铜片、稀盐酸等)进行回收处理。

★ 活动成果

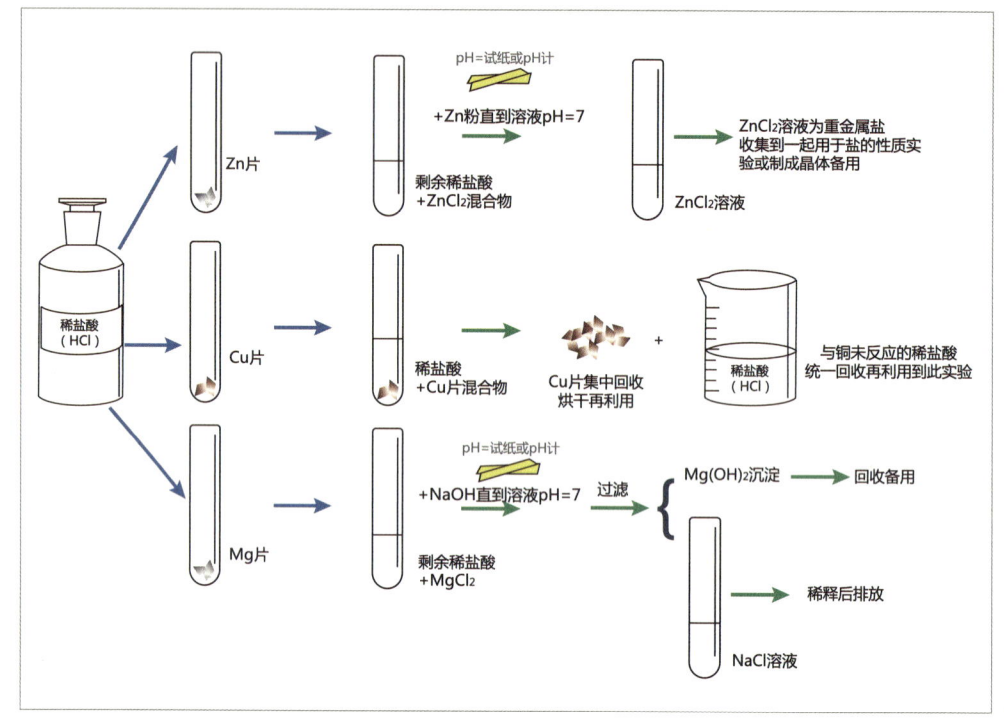

稀盐酸（HCl）

- → Zn片 → 剩余稀盐酸+$ZnCl_2$混合物 → (pH=试纸或pH计) +Zn粉直到溶液pH=7 → $ZnCl_2$溶液 → $ZnCl_2$溶液为重金属盐收集到一起用于盐的性质实验或制成晶体备用
- → Cu片 → 稀盐酸+Cu片混合物 → Cu片集中回收烘干再利用 + 稀盐酸（HCl） → 与铜未反应的稀盐酸统一回收再利用到此实验
- → Mg片 → 剩余稀盐酸+$MgCl_2$ → (pH=试纸或pH计) +NaOH直到溶液pH=7 → 过滤 → $Mg(OH)_2$沉淀 → 回收备用；NaCl溶液 → 稀释后排放

学生绘制的废渣、废液处理思维导图

学生通过实验回收可利用物质

★活动资料

1. 金属锌（Zn）和镉（Cd）的污染

Zn作为植物生长必需的元素，在植物体内参与正常的生化代谢，但浓度超过一定范围（5mg·L^{-1}）时会表现出对植物生理的毒害。从Cd和Zn对叶绿素含量的影响看，1 mg·L^{-1}Cd浓度液加入5mg·L^{-1}Zn后，叶绿素含量低于单一10 mg·L^{-1}Cd处理时的含量。这意味着由于Zn的加入，增强了Cd对植物的毒害作用。其作用机制可能是Cd和Zn有相同的价态和近似的离子半径，在植物细胞表面发生Zn与Cd竞争结合位点的作用，从而导致Cd的溶解度提高，增大Cd的吸收和转移。已有报道称，在Zn与Cd共存状态下，小麦幼苗叶中Cd的积累量较单一Cd处理时有极显著的增加。

2. 2020年成都市初中毕业实验操作考试化学试题4

学校＿＿＿＿＿＿　姓名＿＿＿＿＿＿　准考证号＿＿＿＿＿＿

2020年成都市初中毕业实验操作考试

化　学

试题4　探究锌、铜、镁的金属活动性

一、实验目的

通过锌片、铜片、镁片分别与稀盐酸的反应，学会验证金属活动性强弱的简单方法。

二、实验用品

试管（φ20 mm×200 mm）3支，试管架，锌片（三种金属分别盛于表面皿中）、铜片、镁片（一小段即可）、镊子、稀盐酸（盛于细口瓶中）、玻璃棒（用于推金属片）、试管刷、盛放废弃物的大烧杯、抹布、洁净纸（擦镊子）。

三、实验步骤

1. 检查仪器、药品。
2. 将锌片、铜片、镁片分别小心放入3支试管中。
3. 在上述3支试管中分别加入稀盐酸各5 ml。
4. 向监考老师报告实验现象并得出实验结论。
5. 清洗仪器、整理复位。

3. 视频资源

《河流湖泊的可怕杀手——水体重金属污染》

第六篇
道德与法治和生态文明

2019年3月18日，习近平总书记在学校思想政治理论课教师座谈会上强调："思想政治理论课是落实立德树人根本任务的关键课程。"习总书记谈到："青少年是祖国的未来、民族的希望，正处在人生的'拔节孕穗期'，最需要精心引导和栽培。"生态文明建设，是中学政治中一个重要篇章，对中学生参与祖国生态文明建设决心的树立起到重要的教育和引导作用。

建设生态文明关系人民福祉、关乎民族未来，是实现中国梦的重要内容。习总书记在谈到环境保护问题时指出："我们既要绿水青山，也要金山银山。宁要绿水青山，不要金山银山，而且绿水青山就是金山银山。"这传达出了我们党和政府在推进生态文明建设上的态度、决心和智慧。我们要坚持创新、协调、绿色、开放、共享的新发展理念，坚决贯彻节约资源和保护环境的基本国策，把生态文明建设融入经济、政治、文化、社会建设中，呵护美丽家园，建设美丽中国。

生态兴则文明兴，生态衰则文明衰。恩格斯曾谈到："我们不要过分陶醉于我们人类对自然界的胜利。对于每一次这样的胜利，自然界都对我们进行了报复。""美索不达米亚、希腊、小亚细亚以及其他各地的居民，为了得到耕地，毁灭了森林，但是他们做梦也想不到，这些地方今天竟因此而成为不毛之地。"历史的教训，值得我们所有人深思！

中华文明五千多年的传承，在生态文明方面，也积淀了许多丰富的智慧："道法自然""天人合一""一粥一饭，当思来处不易；半丝半缕，恒念物力维艰""劝君莫打三春鸟，儿在巢中望母归"。这些质朴睿智的生态文明观，时至今日，仍能给人深刻警示和诸多启迪。

人口问题已经成为一个日益严峻的全球性问题，成为人类社会面临的重大挑战之一。我国目前是世界上人口最多的国家，同时还面临着人口基数大、老龄化加剧、男女性别比失衡、城乡分布不均衡等问题。在未来相当长的时期内，我国人口众多的基本国情不会根本改变，人口对经济社会发展的压力不会根本改变，人口与资源环境的紧张关系不会根本改变。国家推行"计划生育"的基本国策，使人口的增长同经济和社会发展计划相适应，有效地缓解了人口对资源、环境的压力，有效地促进了经济发展与社会进步。

我国面临的资源形势非常严峻。我国自然资源丰富、总量大、种类多，但人均资源占有量少、开发难度大，总体上资源紧缺。对资源的过度开发、粗放利用和无节制消耗，必然导致资源的枯竭和对生态环境的破坏，严重影响经济的可持续发展，经济发展的空间和后劲也会越来越小。中国作为一个发展中的大国，不能走西方工业化的老路，必须探索符合国情的利用、保护和开发资源的新路。发展中的突出问题，只有通过转变发展方式来解决。坚持绿色发展、走生产发展、生活富裕、生态良好的文明发展道路，是我们的必然选择。

当前我国环境形势不容乐观。一些地方、一些领域没有处理好经济发展与生态环境保护的关系，工业化进程加快、资源短缺、人口基数大等问题所产生的多重叠加效应，使得我国环境问题愈加严重。环境恶化严重破坏生态平衡，加剧自然灾害的程度，增大自然灾害的发生频率，威胁着人民的生命安全和身体健康。人类关爱和保护环境就是走向重生，漠视和破坏环境就是走向自我毁灭。

在《义务教育思想品德课程标准（2011年版）》课程内容中提出，"知道我国的人口、资源、环境等状况，了解计划生育、保护环境、合理利用资源的政策，形成可持续发展意识。"在义务教育教科书《道德与法治》九年级上册第三单元第六课《建设美丽中国》中有专门针对生态文明的阐述，教材从"正视生命挑战"和"共筑生命家园"

两个方面分别介绍了我国"人口""资源""环境"的现状以及建设生态环境的迫切性和重要性,从而描绘出一幅建设"美丽中国"的时代图景。

纵观国内外的生态经验教训,我们深知,追求人与自然和谐共生,建设生态文明,是人类面对生态危机作出的智慧选择。对中国而言,我们在实现中华民族伟大复兴的道路上,要处理好经济效益和环境效益之间的关系,走绿色发展道路,建设资源节约型、环境友好型社会,建设美丽中国,实现经济繁荣、生态良好、人民幸福时代图景。

附表：义务教育教科书《道德与法治》(部编版)七~九年级中生态文明相关内容梳理

年级	单元标题	课程章节	具体内容
七年级上册	第一单元 成长的节拍 第四单元 生命的思考	1.2 少年有梦 10.1 感受生命的意义 10.2 活出生命的精彩	• 少年的梦想应该与时代的脉搏紧密相连 • 怎样的一生是值得过的 • 生命贫乏与充盈的表现 • 生命虽然平凡,但也能时时创造伟大
七年级下册	第四单元 走近法治天地	9.1 生活需要法律 9.2 法律保障生活 10.2 我们与法律同行	• 法律与保护生态环境的关系 • 法律在保护生态环境方面的作用 • 保护生态环境方面我们应该遵守的各种法律法规
八年级上册	第一单元 走进社会生活 第二单元 遵守社会规则 第三单元 勇担社会责任 第四单元 维护国家利益	1.1 我与社会 1.2 在社会中成长 3.2 遵守规则 5 做守法的公民 6.2 做负责人的人 7 积极奉献社会 8 国家利益至上 9 树立总体国家安全观 10 建设美好祖国	• 我与社会的关系 • 养成亲社会行为 • 自由与规则的关系 • 关于破坏生态环境方面的违法犯罪行为 • 承担责任 • 服务社会体现人生价值 • 国家利益与个人利益的关系 • 生态安全 • 天下兴亡,匹夫有责

(续表)

年级	单元标题	课程章节	具体内容
八年级下册	第一单元 坚持宪法至上 第二单元 理解权利义务	2.1 坚持依宪治国 4 公民义务	• 节约资源和保护环境的基本国策 • 权利和义务的关系 • 保护生态环境的相关义务规定
九年级上册	第一单元 富强与创新 第二单元 民主与法治 第三单元 文明与家园 第四单元 和谐与梦想	2.1 创新改变生活 4.2 凝聚法治共识 6.1 正视发展挑战 6.2 共筑生命家园 8.1 我们的梦想 8.2 共圆中国梦	• 保护生态环境方面的创新案例 • 政府、社会、公民在保护环境方面的做法 • 人口资源环境方面所面临的挑战 • 坚持人与自然和谐共生 • 坚持走绿色发展道路 • 新时代，新征程 • 创新、协调、绿色、开放、共享的新发展理念
九年级下册	第一单元 我们共同的世界 第二单元 世界舞台上的中国 第三单元 走向未来的少年	2 构建人类命运共同体 3.1 中国担当 5 少年的担当 6.2 多彩的职业	• 推动可持续发展 • 应对全球性问题 • 积极贡献中国智慧 • 少年强则国强 • 国家需要各种各样的职业

第六篇 道德与法治和生态文明

案例 1

建设美丽中国——发展中的人口

活动意图

此活动为课堂实践活动，选自义务教育教科书《道德与法治》（人教版）九年级上册第三单元第六课《建设美丽中国》，旨在通过层层递进、环环相扣的活动引导学生从正视人口挑战走向发展理念调整，知道我国人口状况，了解计划生育政策，形成可持续发展意识，树立生态文明观念，促进人与自然和谐共生。这是建设美丽中国、实现中华民族永续发展不可或缺的重要一环，也是促进中学生全面发展和核心素养培育的内在要求。

★ **活动年级**

九年级

★ **活动目的**

1. 通过完成《家庭人口情况调查表》和查询"我国生育政策变化"，了解我国当前人口现状。
2. 认同计划生育的基本国策，从人口发展规律角度辩证看待人口资源的变化和调整，践行生态文明的意识。

★ **活动准备**

1. 学生准备：

完成《家庭人口情况调查表》的填写和"我国生育政策变化"资料的查询。

2. 教师准备：

（1）制作《家庭人口情况调查表》，并完成课前调查《家庭人口情况调查表》的结果统计图；
（2）设计关于我国生育政策变化的辩论赛辩题。

★ 活动步骤

1. 自主学习

自主阅读教材第六课《建设美丽中国》，了解我国生育政策的变化。

2. 点拨归纳：

（1）教师展示学生的课前调查《家庭人口情况调查表》。

学生课前调查结果

（2）教师展示《家庭人口情况调查表》统计图，师生共同分析统计图，了解生育政策变化与家庭人口数量、人口素质变化之间的关系。

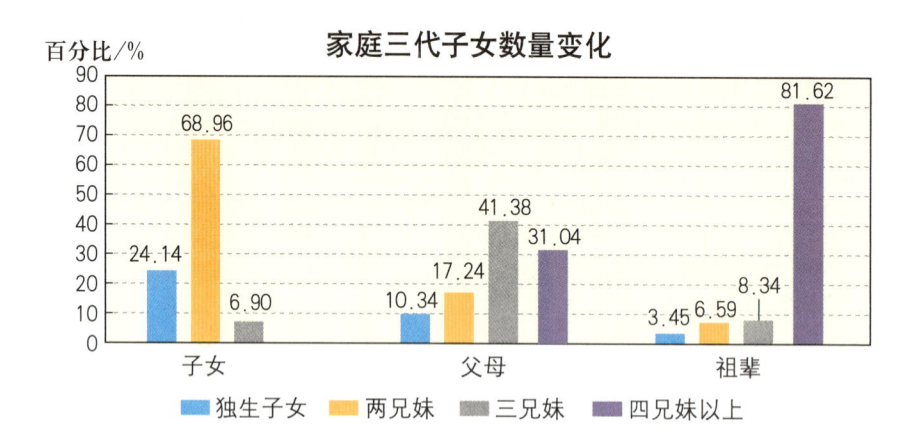

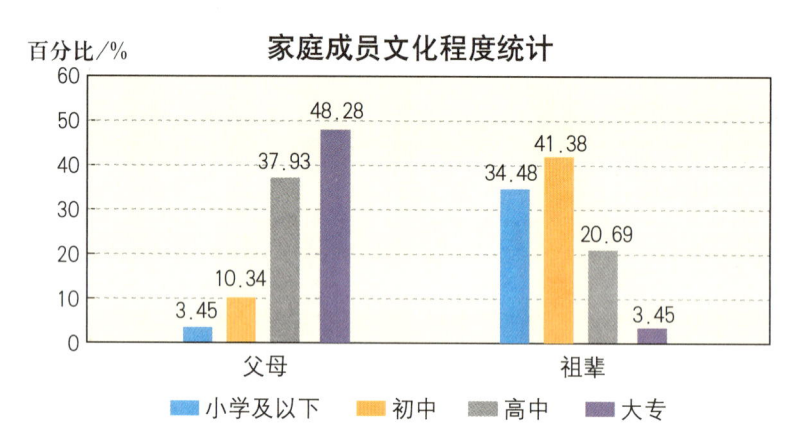

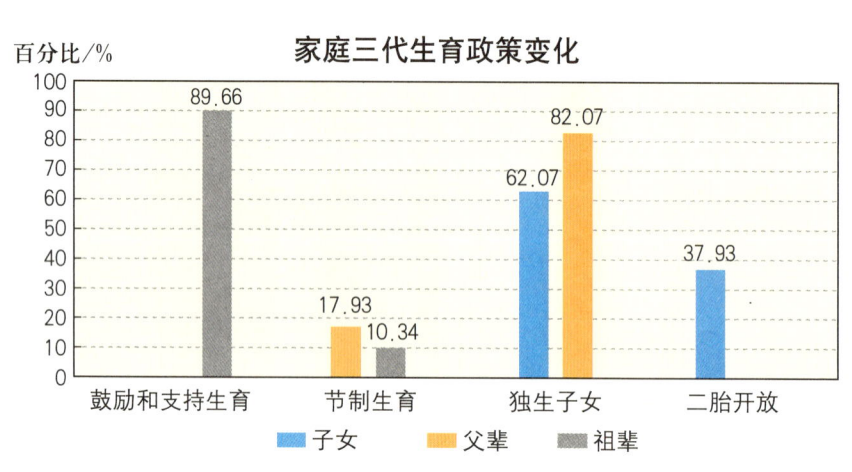

家庭三代子女数量变化

百分比/%

	独生子女	两兄妹	三兄妹	四兄妹以上
子女	24.14	68.96	6.90	
父母	10.34	17.24	41.38	31.04
祖辈	3.45	6.59	8.34	81.62

家庭成员文化程度统计

百分比/%

	小学及以下	初中	高中	大专
父母	3.45	10.34	37.93	48.28
祖辈	34.48	41.38	20.69	3.45

家庭三代生育政策变化

百分比/%

	鼓励和支持生育	节制生育	独生子女	二胎开放
子女			62.07	37.93
父辈		17.93	82.07	
祖辈	89.66	10.34		

（3）教师展示补充资料，探究分析，引导学生认识我国人口现状。

第七次全国人口普查各类受教育程度人口比例

受教育程度	大学（大专及以上）	高中（含中专）	初中	小学
人口 / 万人	21 836	21 301	48 716	34 966

2020年世界人口排名前十的国家及其各区占世界人口的比例

排名	国家	人口 / 万人	占全世界人口的比例 /%
1	中国	140 211	18.09
2	印度	138 000	17.80
3	美国	32 948	4.25
4	印度尼西亚	27 352	3.53
5	巴西	21 256	2.85
6	巴基斯坦	22 089	2.74
7	尼日利亚	20 614	2.66
8	孟加拉国	16 469	2.12
9	俄罗斯	14 410	1.86
10	墨西哥	12 893	1.66

（4）组织学生开展关于"我国生育政策变化"的辩论赛，如我国实行计划生育利大于弊还是弊大于利、计划生育政策与全面二孩政策是否冲突，进一步了解我国人口问题的影响及对策。

学生开展激烈的课堂辩论

★ 活动成果

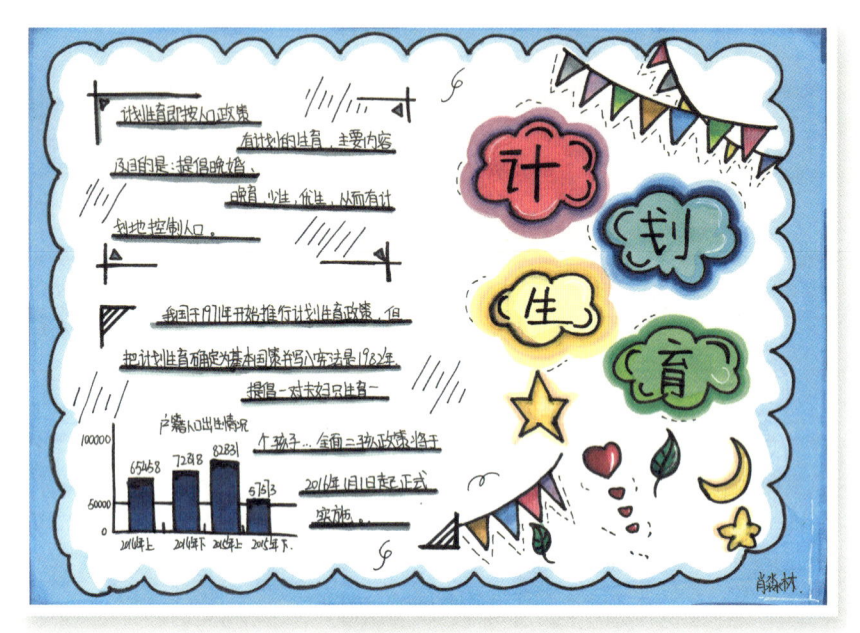

学生作品一

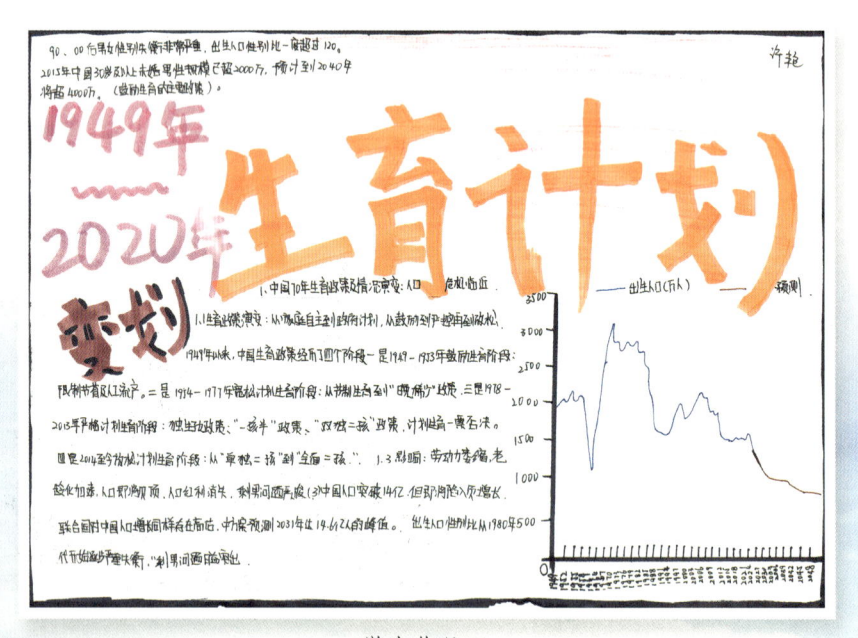

学生作品二

★ 活动资料

我国人口现状

1. 全国总人口：全国人口（指大陆31个省、自治区、直辖市和现役军人的人口，不包括居住在31个省、自治区、直辖市的港澳台居民和外籍人员）为141 178万人；香港特别行政区人口为747万人；澳门特别行政区人口为68万人；台湾地区人口为2 366万人。

泸州市龙马潭区第七次全国人口普查宣传

2. 性别构成：全国人口中，男性人口为72 334万人，占51.24%；女性人口为68 844万人，占48.76%。总人口性别比（以女性为100，男性对女性的比例）为105.07。

3. 年龄构成：全国人口，0—14岁人口为25 338万人，占17.95%；15—59岁人口为89 438万人，占63.35%；60岁及以上人口为26 402万人，占18.70%，其中，65岁及以上人口为19 064万人，占13.50%。

4. 受教育情况：具有大学文化程度的人口为21 836万人，每10万人中具有大学文化程度的为15 467人。15岁及以上人口的平均受教育年限提高，文盲率下降%。

我国生育政策

1949年以来我国生育政策主要经历四个阶段的变化：

1.1949—1953年的鼓励生育阶段

2.1954—1977年的提倡节制生育阶段

3.1978—2001年的严格执行计划生育阶段

4.2002年至今的逐渐放开计划生育阶段

2002年，"双独二孩"政策陆续在全国推开，2013年11月"单独二孩"政策正式实施，2016年1月正式实施"全面二孩"政策，2021年5月31号中共中央政治局审议通过"三孩"政策。

家庭人口情况调查表

各位同学：

本次问卷为匿名调研，仅供本人课题研究的数据材料。在此，本人郑重承诺所有调查内容仅供研究参考，出于对隐私的尊重，不泄露和发表相关内容。谢谢您的支持。

1. 您（学生）家兄弟姐妹的人数：（　　）
A.4个及以上　　B.3个　　C.2个　　D.1个　　E.没有

2. 您（学生）出生时的人口政策：（　　）
A.鼓励和支持生育　　　　B.节制生育时期
C.计划生育时期　　　　　D.二孩政策时期

3. 如果可以选择，您（学生）更倾向于（　　）
A.独生子女　　　　　　　B.有兄弟姐妹

请根据第3题的选择，简单阐述原因：
_____
_____。

4. 您（爸爸/妈妈）的文化程度是：（　　）（父母任意1人填写）
A.大专及以上　B.高中（中专、职高）　C.初中　D.小学及以下

5. 您（爸爸/妈妈）家兄弟姐妹的人数：（　　）（父母任意1人填写）
A.4个及以上　　B.3个　　C.2个　　D.1个　　E.没有

6. 您（爸爸/妈妈）出生时的人口政策：（　　）（父母任意1人填写）
A.鼓励和支持生育　　　　B.节制生育时代
C.计划生育时期　　　　　D.二孩政策时期

7. 如果可以选择的话，您（爸爸/妈妈）更倾向于（　　）（父母任意1人填写）
A.独生子女　　　　　　　B.有兄弟姐妹

请根据第7题的选择，简单阐述原因：
_____
_____。

8. 您（祖父母/外祖父母）的文化程度是：（　　）（祖辈任意1人填写）
A.大专及以上　B.高中（中专、职高）　C.初中　D.小学及以下

9. 您（祖父母/外祖父母）家兄弟姐妹的人数：（　　）（祖辈任意1人填写）

　　A.4个及以上　　　B.3个　　　C.2个　　　D.1个　　　E.没有

10. 您（祖父母/外祖父母）出生时的人口政策：（　　）（祖辈任意1人填写）

　　A.鼓励和支持生育　　　　　B.节制生育时代

　　C.计划生育时期　　　　　　D.二孩政策时期

11. 如果可以选择的话，您（祖父母/外祖父母）更倾向于（　　）（祖辈任意1人填写）

　　A.独生子女　　　　　　　　B.有兄弟姐妹

　　请根据第11题的选择，简单阐述原因：

_____

_____。

注：1. 鼓励和支持生育（1949年-1953年）：建国以后，国家采取宽松的生育政策，鼓励和支持生育。

2. 节制生育时代（1954年-1977年）：20世纪70年代初进一步提出"晚、稀、少"的生育政策方针。

3. 计划生育时期（1978年-2001年）：1978年，计划生育政策被载入宪法。1980年独生子女政策正式出台并全面实施。

4. 逐渐放开计划生育（2002年至今）：2011年提出双独二孩政策、2013年提出单独二孩政策、2015年全面开放二孩政策、2021年开放三孩政策。

案例 2

建设美丽中国——发展中的资源

活动意图

本活动为课堂实践活动，选自义务教育教科书《道德与法治》（人教版）九年级上册第三单元第六课《建设美丽中国》，旨在通过小品剧表演引导学生感悟自然资源对人类生存与发展的重要性；结合生活中的浪费现象，反思资源短缺的后果，从而树立节约资源意识。建设美丽中国需要我们正视我国资源现状，坚持节约资源的基本国策以及"创新、协调、绿色、开放、共享"的五大发展理念，树立文明观，走绿色发展道路，实现可持续发展。

★ **活动年级**

九年级

★ **活动目的**

1. 表演小品剧《不让眼泪成为最后一滴水》，感悟自然资源对人类生存和发展的重要性。

2. 展示《学生对自然资源的使用问卷调查》，反思资源短缺造成的后果，树立节约资源意识。

3. 自制倡议书，将意识事件转化为行为事件，树立绿色发展理念和生态文明观，践行人与自然和谐共生。

★ **活动准备**

1. **学生准备**：

完成《学生对自然资源的使用问卷调查》的填写。

2. **教师准备**：

（1）制作《学生对自然资源的使用问卷调查》结果统计图；

（2）设计节约资源小品剧剧本《不让眼泪成为最后一滴水》。

学生表演小品剧《不让眼泪成为最后一滴水》

★活动步骤

1. 学生表演小品剧《不让眼泪成为最后一滴水》，反思生活中的浪费现象。

不让眼泪成为最后一滴水

旁白：2020年，费电下班回家，走着走着觉得挺孤单的，于是就给一群朋友打电话来家里热闹热闹。

A：总算到家了，来段舞曲吧。（扭着腰开始跳舞）

（门铃响）

旁白：叮咚…叮咚…打开门，一群朋友相继走进了家门。

B：啊！你家怎么这么热啊。把空调降到16度！（高声叫）

（A拿遥控器把空调调到了16度，大家一起跳舞）

（音乐播放1分钟，音乐断，屋子黑）

（女生尖叫，惊恐的）

A：哇，这么巧，停电了！哇，水也停了！

（全体下场）

旁白：几天过去了，水和电都没有再来。

人们由最开始的不习惯变得很担心，并开始反省自己以前的行为，开始隐隐约约地后悔自己以前的浪费。过了几天，电和水终于来了，人们打开电视，每一个频道都在放着这样的一个故事……

（一位母亲带着三个儿子到场。妈妈生命危在旦夕，奄奄一息）

节水：妈妈，我出去找水，您一定要等我啊，我一定会把水找回来。（装作找东西）

环保：妈妈，我和节电陪着您。您放心，您一定会好起来的。

旁白：节电哭了，突然，他捧着泪水来到了妈妈的身边。

节电：妈妈您喝点水吧，要知道您已经有三天三夜没喝水了！

妈妈：不，我不渴，妈妈知道你们也有好几天没有喝水了，你们喝吧！

节电、环保（齐声）：妈妈，我们不渴，还是您喝吧！

节水：怎么办，怎么办，到现在一滴水都没有找到，妈妈和两个弟弟还在家里等着我带水回去呢？真是急死我了！想想以前，洗手我不关水龙头，喝不完的水我直接倒掉……大量的水都被我们白白浪费了，我真是后悔啊！

节电、环保：哥，找到水了吗？

节水：没有，我到处都找了，没有看见一滴水。

节电：哥哥，电也好久没有来了。

妈妈：现在你们知道我为什么给你们取名，节水、节电、环保了吗？我就怕有一天，地球能源被耗尽，美丽的环境被破坏，所以希望你们能节水、节电、环保，我不希望地球上最后一滴水是你们的眼泪，地球最终变得黑暗。

节水、节电、环保（齐声）：妈妈，对不起，对不起……

旁白：看完电视里的故事所有人都沉默了。地球是我们共同的家园，我们应该保护它。从身边的小事做起。不让眼泪变成最后一滴水，不让地球变得黑暗。

2. 传阅提前完成的《学生对自然资源的使用问卷调查》，分析资源浪费带来的影响。

学生课前调查结果

3. 教师展示《学生对自然资源的使用问卷调查》统计图,师生共同分析统计图,引导学生认识资源浪费现状。

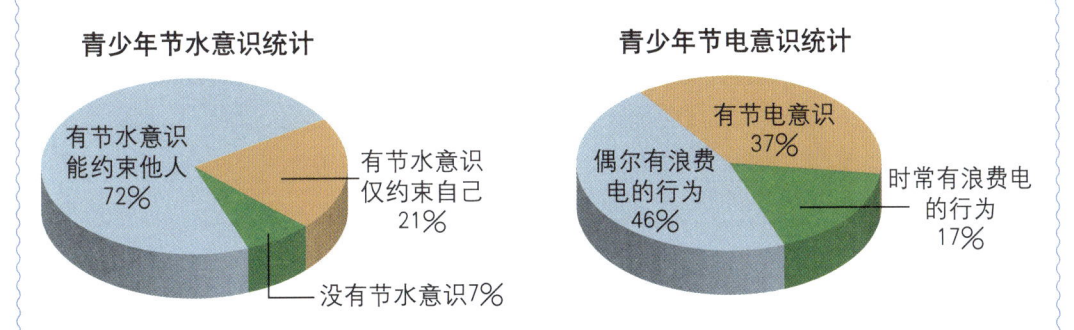

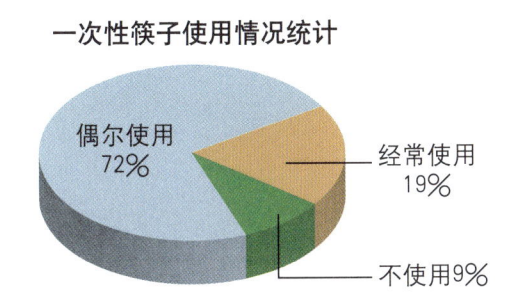

青少年节水意识统计
- 有节水意识能约束他人 72%
- 有节水意识仅约束自己 21%
- 没有节水意识 7%

青少年节电意识统计
- 有节电意识 37%
- 偶尔有浪费电的行为 46%
- 时常有浪费电的行为 17%

一次性筷子使用情况统计
- 偶尔使用 72%
- 经常使用 19%
- 不使用 9%

4. 教师展示补充材料,引导学生了解我国人均资源占有量现状。

中、美及世界人均资源占有量比较

	中国	美国	世界
国土面积(公顷/人)	0.68	2.98	1.70
耕地面积(公顷/人)	0.08	0.46	1.64
森林面积(公顷/人)	0.15	0.94	0.52
石油探明储量(吨/人)	2.50	24.89	31.52
天然气探明储量(万立方米/人)	0.60	3.82	2.43
煤炭探明储量(吨/人)	102.03	755.55	138.54

资源浪费换算表

电力资源：
- 1度电可制作约9米布匹
- 若每人浪费1度电，那么全中国14亿人共浪费14亿度电，可制作约126亿米布匹，连起来可绕地球315圈
- 这些布匹可以制造约50.4亿套成年人全套衣服

水资源：
- 1滴水≈0.05千克
- 若每人节约1滴水，那么全中国14亿共节约14亿滴水=70 000千克=70吨
- 70吨水可供70个家庭用水10天
- 70吨×365天=25 550吨=25 550个家庭用水10天

木材资源：
- 1棵20年的大树≈3 000双一次性筷子
- 全中国每年消耗450亿双一次性筷子≈2 500万棵20年的大树
- 20年的大树占地约16平方米

5. 小组讨论：生活中，我们如何做到节约资源？如何树立并践行节约资源的意识？

学生开展课堂讨论

★ 活动成果

学生自制厉行节约倡议书。

学生作品一

学生作品二

★活动资料

我国资源现状

我国是一个资源大国，资源丰富，总量大，种类多；但人均资源占有量少，开发难度大，总体上资源紧缺。长期以来，我国资源开发利用不尽合理、不够科学，依靠消耗大量资源换取经济发展的现象突出，由此造成的浪费、损失、污染和破坏都很严重。目前我国面临的资源形势非常严峻。

水资源现状：我国水资源问题是非常严重的。总量居世界第6位，人均水资源量约2 078立方米，只有世界人均量的四分之一，居世界第88位，是世界12个贫水国家之一。

矿产资源现状：我国是资源大国，全国40多种主要矿产探明储量的经济价值居世界第三位。但人均拥有量仅为世界人均占有量的40%，居世界第81位。

能源现状：中国能源资源供需矛盾突出，能源供给无法满足经济日益增长的需求。我国是全球第二大石油进口国，石油的对外依存度达30%。

其他资源：比如森林资源、草地资源、土地资源、生物资源等，同样面临着严峻的考验。

生态文明制度体系建设

2012年，党的十八大把生态文明建设纳入中国特色社会主义事业"五位一体"总体布局，首次把"美丽中国"作为生态文明建设的宏伟目标。2015年4月，中共中央、国务院印发《关于加快推进生态文明建设的意见》。同年9月，中国生态文明领域改革的顶层设计——《生态文明体制改革总体方案》公布。

2017年，党的十九大首次将"必须树立和践行绿水青山就是金山银山的理念"写入大会报告；大会新修订的《中国共产党章程》总纲明确指出：树立尊重自然、顺应自然、保护自然的生态文明理念，增强绿水青山就是金山银山的意识。

2020年《中共中央关于制定国民经济和社会发展第十四个五年规划和二〇三五年远景目标的建议》要推动绿色发展，促进人与自然和谐共生。

案例 3

建设美丽中国——发展中的环境问题

活动意图

该课题为课堂实践活动，选自义务教育教科书《道德与法治》（人教版）九年级上册第三单元第六课《建设美丽中国》。基于我国资源消耗高、浪费大、垃圾处置不合理造成环境严重破坏等问题，以及当前国家高度重视垃圾处理，部分城市实施严格的垃圾分类与处理政策现实状况，设计了此次"生活中的垃圾与处理"调查研究主题活动。本活动旨在鼓励学生在对生活的认识、体验和实践过程中，逐步掌握环境保护相关知识，形成环境保护人人有责理念，树立监督共促环境保护的责任意识，并希望在促进学生进行环境保护的生活实践的同时，能够提高学生合作发现问题、研究问题、解决问题的能力。

★活动年级

九年级

★活动目的

1. 通过"生活中的垃圾与处理"调查研究，了解生活垃圾的组成部分和生活垃圾处理的相关内容，培养学生热爱环境、保护环境的社会责任感。

2. 通过汇报、总结调查研究结果，知道生活垃圾对环境的影响，增强学生在日常生活中合理处理垃圾的能力，提升学生的环保意识。

★活动准备

1. 学生准备：

（1）完成《生活中的垃圾与处理》调查问卷的填写，整理形成初步报告；

（2）查阅垃圾处理相关资料，初步了解垃圾处理相关知识。

2. 教师准备：

（1）搜集生活垃圾及其处理的最新政策、案例、影响等相关资料；

（2）制作《生活中的垃圾与处理》学生调查用表与小组讨论用表。

★活动步骤

1. 学生以家庭所在地为分组参考，形成合作小组，调研自己居住社区的生活垃圾组成情况和处理情况，归纳汇总小组成员的《生活中的垃圾与处理》调查问卷，形成小组调查报告，并完成《生活中的垃圾与处理》小组讨论用表。

学生进行小组成果讨论

2. 小组代表汇报调查研究结果，展示生活中垃圾的组成、去向，并汇报小组合作调查的过程及收获。

学生上台展示调查结果

3. 教师点评小组汇报，理论总结升华，阐述合理处理生活垃圾对环境的重要影响，引导学生关注生活环境，树立环保意识，增强保护环境的社会责任感。

★ 活动成果

学生关于《生活中的垃圾与处理》调查报告成果示例。

《生活中的垃圾与处理》调查报告

××学校　九年级××班

调查区域：

小组成员：

指导老师：

1. 生活垃圾分类处理基本情况

通过对社区居民的调查，我们发现：

（1）在对垃圾分类处理的关注方面，绝大多数人很关注垃圾分类，但是被调查者及其家庭成员却对垃圾分类方式了解得很少（81%）。

（2）在对垃圾处理的重视程度上，绝大多数人（95%）觉得很有必要垃圾分类，以此加强对环境的保护。

（3）在生活垃圾处理方式上，绝大部分人只是偶尔分类（67%），他们处理垃圾的方式往往是自己随意丢弃到楼下垃圾桶里（72%）。

（4）在生活垃圾处理宣传教育上，目前几乎所有城镇小区丢弃垃圾的地方均有相关分类标识（98%），但是村落中却很少有相关标识。少数人接受过有关垃圾分类的教育和宣传（26%），多是自发了解到的相关情况（88%）。

（5）社区居民分析目前垃圾分类处理存在的困难有很多，其中最主要的困难有设施不够完善，居民意识不到位等。

通过对社区相关工作人员的调查，我们发现：

各个社区处理生活垃圾的方式各异，其中最普遍的做法是在居民的处理基础上二次处理，挑选出可回收利用的垃圾，剩余垃圾由车拉走集中掩埋。社区垃圾在处理过程中还存在着方法简单粗暴、与居民缺少沟通协调、没有强制性措施保障垃圾分类处理工作的开展等等。

2. 垃圾分类处理不当带来的危害

生活垃圾主要通过土壤污染、大气污染、地表和地下水污染等影响人体健康。生活垃圾若不能及时从市区清运或只是简单堆放在市郊，往往会造成垃圾遍布、污水横流、蚊蝇滋生、散发臭味，还会成为各种病原微生物的滋生地和繁殖场，影响周围环境卫生，危害人体健康。

生活垃圾长时间堆放，会造成垃圾腐烂霉变，释放出大量有害气体，粉尘和细小颗粒物随风飞扬，危害周围大气环境。生活垃圾随意焚烧，会造成大量有害成分挥发，未燃尽的细小颗粒进入大气，还会产生二噁英、酚类等有害物质。即使是生活垃圾的直接卫生填埋场也会产生大量的填埋气，填埋气的主要成分为甲烷和二氧化碳，两者都是典型的温室气体，还含有微量的硫化氢、氨气、硫醇和某些微量有机物等有毒气体，填埋气若得不到有效收集，还会引起火灾，发生爆炸事故等。

3. 此次活动的收获与建议

垃圾处理是非常重要的环保措施，每个家庭应明确产生的生活垃圾的情况，将可回收和不可回收的垃圾分类，并分别投放入对应的分类垃圾桶，保证环境卫生。比如：塑料、纸、金属、玻璃、橡胶……这些垃圾是可回收的，所以要把它们归类到可回收垃圾的桶里；而陶瓷、蔬菜果皮、煤渣、烟灰……这些垃圾是不可回收的物品，不可以把它们随处乱扔，要把它们放到应该放的地方，让每一类垃圾都有合适的去处。

我们要爱护环境，让我们的祖国、地球变得更加美好！

★ 活动资料

学生调查用表。

《生活中的垃圾与处理》调查问卷

一、家庭垃圾分类基本情况

1. 您是否有关注垃圾分类（   ）

   A. 很关注　　　B. 一般关注　　　C. 没有关注

2. 您是否了解生活垃圾分类方式（   ）

   A. 非常了解　　　　　　　　B. 比较了解

   C. 了解很少　　　　　　　　D. 完全不了解

3. 您的家庭成员中有多少人了解垃圾分类（   ）

   A. 全部了解　　　　　　　　B. 多数了解

   C. 少数了解　　　　　　　　D. 都不了解

4. 您觉得垃圾分类有必要吗（   ）

   A. 有　　　　B. 没有　　　　C. 不清楚

5. 您有垃圾分类的习惯么（   ）

   A. 每次都分类　　　　　　　B. 经常会分类

   C. 偶尔分类　　　　　　　　D. 从不分类

6. 目前您家里面垃圾的处理方式（   ）

   A. 自己随意丢弃到楼下垃圾桶

   B. 放在门口由保洁员收走

   C. 自己丢弃到楼下垃圾桶并按照标识分类

   D. 带出小区扔到垃圾站

7. 目前小区内的垃圾车，垃圾桶或垃圾箱有进行分类标识吗（   ）

   A. 所有丢弃垃圾的地方均有相关标识

   B. 部分垃圾箱，垃圾桶进行了标识

   C. 完全没有标识

8. 您和家人接受过有关垃圾分类的教育和宣传吗（   ）

   A. 有，经常在电视、宣传栏看到

   B. 一点点，偶尔看到一些

   C. 从来没有，不了解

9.您是否会向他人宣传垃圾分类的重要性(比如教育孩子垃圾分类)或收到垃圾分类重要性的宣传(　　)

　　A.会宣传也经常收到　　　　B.会宣传但较少收到
　　C.不会宣传但经常收到　　　　D.不会宣传也较少收到

10.您认为在小区中实施生活垃圾分类回收的困难有哪些?（可多选）(　　)

　　A.居民环保意识淡薄　　　　B.宣传力度不够
　　C.设施不够完善　　　　　　D.居民对垃圾回收分类知之甚少
　　E.其他

二、社区垃圾分类处理情况（社区工作人员访谈提纲）

1.社区垃圾分类是如何处理的?

2.社区垃圾分类在处理过程中存在什么问题?

小组讨论用表。

《生活中的垃圾与处理》调查报告

××学校 九年级 ××班

调查区域：

小组成员：

指导老师：

1. 生活垃圾分类处理基本情况

2. 垃圾分类处理不当带来的危害

3. 此次活动的收获与建议

垃圾分类小知识

1. 垃圾分类

垃圾分类一般是指按一定规定或标准将垃圾分类储存、分类投放和分类搬运，从而转变成公共资源的一系列活动的总称。

2. 垃圾分类的种类

可回收垃圾：主要包括废纸、塑料、玻璃、金属和布料五大类。

厨余垃圾：主要包括剩菜剩饭、骨头、菜根菜叶、果皮等食品类废物。

有害垃圾：主要包括废电池、废日光灯管、废水银温度计、过期药品等。

其他垃圾：主要包括除上述几类垃圾之外的砖瓦陶瓷、渣土、卫生间废纸、纸巾等难以回收的废弃物。

3. 垃圾分类的优点

第一，减少占地。垃圾分类能处理掉能回收的或不易降解的物质，减少垃圾数量达 50% 以上。

第二，减少环境污染。废弃的电池等含有金属汞等有毒物质，会对人类产生严重的危害，土壤中的废塑料会导致农作物减产，因此回收利用或分类处理可以减少危害。

第三，变废为宝。1 吨废塑料可回炼 600 千克无铅汽油和柴油。回收 1 500 吨废纸，可避免砍伐用于生产 1 200 吨纸的林木。

4. 常见垃圾自然降解时间

果皮	纸张	烟头	塑料袋	罐头盒
2—5 周	3 个月	1—5 年	10—20 年	50 年

易拉罐	电池	塑料瓶	玻璃瓶
80—100 年	100 年	450 年	100 万年

注：垃圾的降解时间受土壤、空气、温度等多种因素影响，图中所列时间为大致的参考时间。

第七篇
从历史看人与自然

负重前行

人类历史是和其所处的自然环境交织在一起的,人类历史始终贯穿着对其所处自然环境的适应、利用和改造。历史上因为环境变化导致的巨大动荡,或者因为人类改变自然环境引发重大影响的案例,不胜枚举。所以,了解人类历史,不应该将人从其所处的自然环境中剥离出来。

中国人自古就重视主观能动性的发挥,在改造自然上,有大禹治水、李冰治水等著名的案例;中国也会细心观察大自然并设法适应其规律,如早在秦朝就有法律禁止在休耕季节开采树木等自然资源。

随着历史的推进,我们利用和改造自然界的能力越来越强,有些改造给社会带来了便利,但也有不少改造超出了环境所能承受的范围。

中华人民共和国成立后，急于改变落后面貌，努力进行经济建设，环境保护并不属于优先考虑的范畴。改革开放后，经济增速加快，环境承受的压力也相应增加。2005年8月，时任浙江省委书记的习近平同志在浙江省安吉县考察时，作出了"绿水青山就是金山银山"的论断；2007年，中国十七大将科学发展观写进党章，强调坚持以人为本，全面、协调、可持续发展；2012年，中共十八大将生态文明建设提到了新的高度。可见，在经济建设取得成就时，我们也在不断探索人与自然和谐共处的新途径。

西方国家也经历过相似的阶段。随着工业革命的开展，人类改造自然的能力提升，对环境的破坏也日益严重，除了空气污染、资源耗费，还有从第一次世界大战时期开始的对化学武器的使用、第二次世界大战时期核武器的使用，以及现代以来出现的大的核泄漏事件。

中国有相当一部分城市，近年经历过较为严重的雾霾问题，经过治理，环境问题出现好转，但在相当长的时间里，环境问题需要我们付出相当大的精力去面对，所以在历史教学中渗透生态史观，让学生树立环保意识，有积极的意义。

在将环保理念渗透到历史教学的过程中，可能会存在以下问题：第一，和环境相关的知识点过于分散，不利于学生连贯学习；第二，某些和环境相关的知识点，不是该课的教学重点，不便花较多时间探讨，以形成更深刻的认识。

针对这些问题，可以采取的策略是：第一，教师对初中三年的环境相关知识点做了全面梳理以后，选取其中有代表性和启发性的知识点，深入挖掘，做好教学设计；第二，将其中一些知识点做成微课，权衡知识点的重要性，决定将其在课堂上播放，或者用教师的公众号推送；第三，争取利用一个课时，将初中历史中涉及到的从古至今的环境相关的重要知识整合起来，提取出其中规律性的内容，设计一堂主题学习；第四，找到生态史观和乡土历史的结合点，让学生了解家乡环境的变迁。

附表：义务教育教科书《历史》（部编版）七～九年级中生态文明相关内容梳理

年级	课文	知识点	整合方式	备注
七年级上册	1.2 原始农耕生活	• 长江流域与黄河流域不同自然环境对农业和生活的不同影响	• 人类进入农耕文明之后对环境的利用和改造	
	1.3 远古的传说	• 传说中黄帝、炎帝、嫘祖对自然的利用和改造	• 传说中人类利用自然改善生活	
		• 大禹治水	• 人类对自然灾害的应对	
	2.5 青铜器与甲骨文	• 青铜器的锻造及代表作品	• 人类生产工具和生活用具材料的改进，人类改造自然能力的增强	
	2.6 动荡的春秋时期	• 甲骨文的产生	• 人类对自然的细致观察与文字的诞生	
		• 青铜业、冶铁业、纺织业、制盐业、漆器制作有所发展，牛耕开始被使用	• 人类改造利用自然能力的增强	
	2.7 战国时期的社会变化	• 都江堰的修建和意义	• 人类对自然规律的观察、顺应和对自然的合理改造	
	2.8 百家争鸣	• 诸子百家对人与自然关系的不同见解	• 道家、墨家、法家等对人与自然关系的不同见解	
	2.9 秦统一中国	• 修建灵渠	• 为解决运输困难，秦始皇派人开凿灵渠，沟通了湘江和漓江，把长江和珠江两大水系连接起来	
	2.11 西汉建立和"文景之治"	• 休养生息	• "休养生息"政策中提倡勤俭治国、反对奢侈浮华的治国理念	
	2.15 两汉的科技和文化	• 造纸术的发明	• 两汉时期人们对自然改造能力的提升和造纸技术对环境产生的影响	
	2.16 三国鼎立	• 三国时期吴国和蜀国对环境的治理和开发	• 三国时期人们对自然改造能力的提高	

（续表）

年级	课文	知识点	整合方式	备注
七年级下册	1.1 隋朝的统一与灭亡 1.3 盛唐气象 2.9 宋代经济的发展 3.16 明朝的科技、建筑与文学 3.19 清朝前期社会经济的发展	•开通大运河 •唐朝兴修水利工程 •南方农业的发展 •《本草纲目》、《天工开物》、《农政全书》 •《人口的增长》	•中国古代对自然环境的改造 •中国古代对自然环境的改造 •中国古代对自然环境的改造 •中国古代对自然环境的改造 •农业的发展和人口增长的关系	•辩证看待开凿大运河对隋朝的影响，以及大运河本身对中国的长远影响
八年级上册	1.1 鸦片战争	•虎门销烟	•林则徐销毁鸦片的方式	
八年级下册	2.6 艰辛探索与建设成就 3.10 建设中国特色社会主义 3.11 为实现中国梦而努力奋斗	•大跃进运动 •2007年，中共十七大，提出科学发展观和构建社会主义和谐社会 •2012年，中共十八大把生态文明建设提到了新的高度 •2015年10月，中共十八届五中全会通过了《中共中央关于制定国民经济和社会发展第十三个五年规划的建议》，提出要牢固树立创新、协调、绿色、开放、共享的新的发展理念	•对自然的过渡开发、不尊重客观规律，对自然环境造成了破坏 •在经济建设过程中出现了环境污染等问题，提出了坚持以人为本，全面、协调、可持续的发展观 •面对人民日益增长的对优美环境的需求，十八大在此强调了建设生态文明的重要性 •新理念针对的是我国发展中的突出矛盾，回答的是中国当前最为紧迫的现实问题，关系我国发展全局和未来前景	

（续表）

年级	课文	知识点	整合方式	备注
九年级上册	1.1 古代埃及 2.4 希腊城邦和亚历山大帝国 3.10 中世纪城市和大学的兴起 7.21 第一次工业革命	• 埃及文明被认为是"尼罗河的赠礼" • 希腊城邦 • 自由和自治的城市 • 蒸汽机和工厂制度的确立；火车与铁路	• 人类与自然环境相互依存的关系 • 海洋对文明的影响 • 欧洲古代城市和中国古代城市的区别，早期城市的生活环境 • 工厂制度的建立促进了城市化的发展；新动力发明对煤炭的需求增加，加剧了环境污染	
九年级下册	2.5 第二次工业革命 2.6 工业化国家的社会变化 3.8 第一次世界大战 4.13 罗斯福新政 4.15 第二次世界大战 6.22 不断发展的现代社会	• 电的相关发明；内燃机及相关发明；现代化学工业的诞生；赛璐珞的发明 • 人口增长；城市化（早期城市存在的问题和改进）；环境污染 • 化学武器的使用 • 实行"以工代赈" • 核武器的使用 • 生态和人口问题	• 火力发电站对环境的影响；石油作为能源被广泛运用；辩证地看待塑料对环境的影响 • 工业化进程中环境的变化和人们观念的转变 • 通过照片等材料展示化学武器的危害，介绍人们为了禁止化学武器进行的努力 • 通过植树造林等方式，改善环境的同时，提供就业岗位。兴建田纳西水利工程，改善流域的观景 • 合理使用核能 • 环境恶化、臭氧层被破坏，热带雨林被破坏、世界人口增长过快带来教育、就业、住房、社会保障等挑战；发展中国家卫生和健康状况难以迅速改善，耕地和水资源缺乏带来饥荒问题	• 微课：《塑料，蜜糖还是砒霜》 • 印象派画家作品中对环境变化和人们态度的体现

案例 1

塑料，人类的蜜糖还是砒霜

活动意图

从义务教育教科书《历史》（部编版）九年级下册《第二次工业革命》中约翰·海厄特发明赛璐珞切入，展开讲述塑料的前世今生，让学生了解第二次工业革命后，作为石油衍生品的塑料，如何被发明并广泛地用于生活的方方面面，以及塑料在给人类带来方便的同时，也引发了一系列的环境问题。引导学生辩证看待塑料的发明，启发学生重视因塑料而产生的环境问题，进而达成《义务教育历史课程标准（2011版）》"理解工业革命带来的社会进步和社会问题"的课程内容要求。

本课立足于教材知识，在时间充分的情况下，可以在课堂授课期间完成自主探究、观看辩论和微课视频、展开小型辩论等部分的教学活动。在时间不足的情况下，微课可在课后自主观看。简报制作在课后完成。

★活动年级

九年级

★活动目的

1. 通过观看辩论视频，了解关于塑料的争议。

2. 阅读教材，结合教师讲述和微课视频，了解塑料的"前世今生"。

3. 查阅资料，结合课堂所学，进行小辩论——《塑料，利大于弊还是弊大于利》，通过阐述和聆听不同的观点，提升辩证看待问题的能力。

4. 以"塑料和环境的关系"为主题制作简报，锻炼用不同方式呈现历史知识的能力。

★活动准备

1. 观察我们身边有哪些地方会用到塑料。

2. 上网了解塑料造成的环境问题，思考塑料发明的利弊。

★活动步骤

1. 观看观点交锋：趋之若鹜 还是众矢之的

教师引入：在一期很火的辩论节目中，两位辩论导师就塑料的利弊进行了一场短暂却激烈的交锋。（播放视频）

观点交锋

思想碰撞

导师A：毫不保留的拥抱高科技，其实是制造了我们人类现在的灾难处境的唯一的原因。我跟各位讲最简单的例子，就是塑胶（塑料）。当商人发现塑胶（塑料）又便利、又便宜、又好用的时候，他就用了。科技达到了他就用，他顾得了五十年后的人怎么活吗？他顾得了现在海洋里飘满了塑料无法处理吗？就是因为，你终于要过几十年才会体会到，当初根本无知的科技带来了多大的灾难。

导师B：导师A说的恰恰是不对的，跟事实是相矛盾的。塑料的发明，恰恰就是为了解决环境问题。当时它的发明就是能够使我们省很多的木材、很多的树木、很多的纸张，而至于塑料怎么才能够更好地保护环境，那又是下一个问题。

教师过渡：让这两位导师产生激烈交锋的始作俑者——塑料，便是我们今天的探究对象。我们将一起了解它是如何被发明出来，又是如何一步步从让人趋之若鹜走到今天成为众矢之的的地步的。

2. 探寻前世今生：发明创造和不断发展

（1）自主学习

通过阅读教材，自主探究下列问题。

①塑料被发明是在哪一次工业革命期间？
②塑料是被谁发明出来的？
③塑料在被发明之初，被人们称作什么？

（2）观看微课

微课内容：

因为台球运动的流行，其材料——象牙被大量消耗，日益稀缺。在资本利益的驱动下，一名印刷工人、民间化学家——约翰·海厄特将硝化纤维转变成了一种柔韧性高、硬而不脆的新材料——"赛璐珞"（Celluloid）。在历史上，人们将赛璐珞视为第一种投入商用的塑料，称其为塑料鼻祖。赛璐珞变成了人们的消费"新宠"，并且对电影产业影响深远。随着科学的进步，塑料家族有了很多新的成员。人们在享受塑料带来的便利的同时，也在承受加重环境负担的后果。

3. 思考辩论：利大于弊还是弊大于利

（1）小辩论

回顾本课开头的辩论，同学们更支持谁的观点？结合课前大家收集的材料和今天课上学到的知识，我们也进行一场小小辩论——《塑料，利大于弊，还是弊大于利》。

（2）教师总结

回溯历史，塑料给我们的生活带来了巨大的改变。希望科技的进步能逐渐放大塑料的优点，并尽可能地缩小其缺点。但在这一目标实现之前，我们能够做的，仍然是减少塑料的使用，减轻环境的负担。

★ 活动成果

学生作品一

学生作品二

学生作品三

★活动资料

塑料，人类的蜜糖还是砒霜

塑料进入人类生活之后，在给人类带来便捷的同时，也给环境造成了很大的负担。时至今日，世界上几乎没有一片完全干净的海洋，海洋中的塑料微粒，被人们称为海洋中的PM2.5，海洋生物饱受其害，这些微粒藏在海产品、海盐中，又被端上了人类的餐桌。

塑料真的这么可怕吗？塑料又是如何诞生的呢？

这要从一种运动说起。台球源于英国，后来台球运动逐渐在世界范围内流行。然而，随着台球的需求越来越大，大象们却遭了殃。因为在当时，台球是由非洲象的象牙所制成的。为了获取象牙，光是在英国，一年就需要杀死一万多头大象来制作台球。随着象牙的稀缺，台球价格也开始水涨船高。当时，发明家约翰·韦海厄特看到了其中的巨大商机。他在寻找象牙替代品的过程中，通过改进英国人帕克斯发明的一种叫"帕克辛"的新物质，把樟脑添加到硝化纤维的酒精溶液里，以此来增加塑性，最终成功地制造出历史上最早的合成塑料：赛璐珞。

此后，赛璐珞几乎覆盖了人类的整个日常生活。用赛璐珞制成的梳子、纽扣、假牙牙托、毛刷、刀把、摄影胶卷等商品琳琅满目。此外，赛璐珞还对电影行业产生了深远的影响。连续的赛璐珞胶片投影到大屏幕上，成为一代人对戏院的记忆。在动漫领域，将人物画在用赛璐珞制成的透明胶片上，背景画在纸上，叫做赛璐珞动画。

随着历史发展，塑料家族不断扩大，电木、尼龙、黑胶、聚酯塑料、聚苯乙烯、有机玻璃等共140多种，名字已多到叫不上号。

虽然给人类的生活带来如此多的便捷，今天的塑料，仍然是一种饱受诟病的材料，并且几乎与廉价和污染划上了等号。塑料不仅污染了海洋，也在污染着我们的土壤。

同学们，现在请环顾你的周围，感受一下被塑料包围的人类生活吧。

同学们，你如何看待人类对塑料的使用？对于塑料带来的环境问题，我们又该如何应对？

——选自教师微信视频解说词，有删改

案例 2

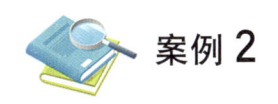

走"绿色 GDP"道路——"坚持绿色发展"理念

活动意图

从义务教育教科书《历史》(部编版)八年级下册第十一课《为实现中国梦而奋斗终身》中有关新发展理念之"坚持绿色发展"理念作为切入点,引导学生对目前中国发展中存在的现实矛盾进行思考和探究,从而培养学生一分为二辩证看待事情本质的能力。通过本课的学习,帮助学生了解我国环境保护政策和意识之间的变化发展关系,进一步帮助其树立正确的环境保护观。

★ **活动年级**

八年级

★ **活动目的**

1. 通过对当今中国经济现状和环境现状的对比,使学生对中国目前发展中存在的突出矛盾进行思考,培养学生辩证看待经济发展与环境保护之间的矛盾与联系。

2. 学生通过自主阅读教材、整合信息,了解我国生态文明建设的政策变化过程。

3. 鼓励学生探究如何改善生态环境,启发学生树立为实现祖国未来的"绿色"中国梦而奋斗终生的理想。

★ **活动准备**

1. 学生准备:

观察身边哪些事例体现了国家保护环境政策;搜集《大力发展生态文明,是否促进中国经济发展》辩论的有关资料。

2. 教师准备:

搜集国家环境保护政策的推进过程的相关资料,以及上海市垃圾分类活动的实施结果和存在问题的相关资料,搜集国内近几年环境变化的视频、图片等。

★ 活动步骤

1. 分析概括:"坚持绿色发展"的必要性

通过有关国内生产总值的数据和国内近几年环境变化的图片对比,得出绿色发展的必要性。

2. 自主学习:国家有关环境保护政策和环保理念的形成过程

通过自主阅读教材内容和有关资料,了解我国环保政策和"坚持绿色发展"理念的形成过程,并填写表格。

"坚持绿色发展"理念的形成过程

十六届五中全会	构建"_____"和"_____"的社会
十七大	"_____"成为党和国家的指导思想
十八大	要求我们在"_____"和"_____"中更注重生态文明建设
十九大	提出"_____"理念

3. 合作探究:"坚持绿色发展"理念对社会的影响

(1)进行小组辩论,讨论"大力发展生态文明建设,会使中国经济发展加快还是变缓"。

反方选手发言　　　　　　　反方选手发言稿

正方选手发言　　　　　　　　　正方选手发言稿

（2）如今生活污染的问题仍然存在，结合上海市垃圾分类活动的相关资料，拓展延伸讨论"作为祖国未来的接班人，你们会有什么办法能够帮助国家解决生活污染的问题"。

小组讨论

学生发言稿二

学生发言稿一

★ 活动成果

你身边有哪些"绿色"体现了国家的环境保护政策？请你写（画）出来。

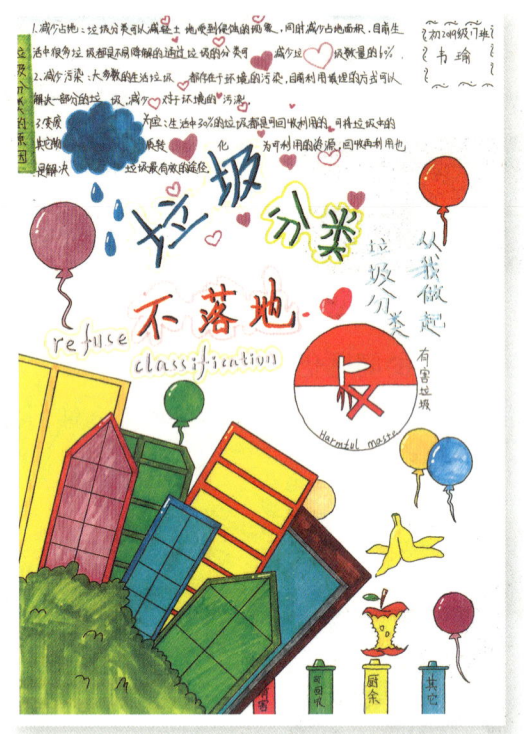

学生作品一

学生作品二

★ 活动资料

一、近几年国内生产总值变化数据

1952年至2018年，我国国内生产总值（GDP）从679.1亿元跃升至90.03万亿元，实际增长174倍；人均GDP从119元提高到6.46万元，实际增长70倍。

——庆祝中华人民共和国成立70周年首场新闻发布会

二、近几年国内对"绿色"政策和理念的变化

要加快建设资源节约型、环境友好型社会，大力发展循环经济，加大环境保护力度，切实保护好自然生态，认真解决影响经济社会发展特别是严重危害人民健康的突出的环境问题，在全社会形成资源节约的增长方式和健康文明的消费模式。

——2005年《中共中央第十六届五中全会公报》

深入贯彻落实科学发展观，必须坚持全面协调可持续发展。实现全面建设小康社会奋斗目标的新要求——建设生态文明。坚持节约资源和保护环境的基本国策，关系人民群众切身利益和中华民族生存发展。

——2007年《胡锦涛在党的十七大上的报告》

十七大将胡景涛提出的科学发展观，写入党章，成为党和国家的指导思想。随后十八大进一步将生态文明建设提高到新的高度，要求我们在思想上和实践中更加注重生态文明建设。十九大提出"坚持绿色发展"理念。

——义务教育教科书《历史》（人教版）八年级下册

建设生态文明是中华民族永续发展的千年大计，必须树立和践行绿水青山就是金山银山的理念，坚持节约资源和保护环境的基本国策。

——2017年《习近平在党的十九大上的报告》

三、上海市生活垃圾分类试点活动实施成果和存在的问题

2019年11月14日,上海市十五届人大常委会第十五次会议审议了上海市人民政府关于本市推进生活垃圾全程分类管理情况的报告。

1. 实施成果(2019年1月至10月底)

类别	回收/处置/分出量(吨/日)	同比2018年10月增长
可回收物	5 960	增长4.6倍
湿垃圾	8 710	增长1倍
干垃圾	<14 830	减少33%
有害垃圾	1	增长9倍多

2. 存在的问题

(1)单位垃圾分类的整体效果还不理想;

(2)宣传动员仍存在盲区,流动人员参与程度不高;

(3)湿垃圾处置压力大,能力仍有缺口;

(4)垃圾分类的长效机制尚需不断完善,居民习惯还需强化巩固;

(5)工作推进中的新问题、新矛盾需引起重视,抓早抓小。

案例 3

化学武器对人类及环境的影响

活动意图

《义务教育历史课程标准（2011年版）》提出学生通过历史课程的学习，不仅能够提高历史素养，而且能够更好地认识人与人、人与社会、人与自然的关系，有助于学生逐步形成社会意识、法治意识、道德意识和环境意识，逐步树立正确的价值取向和行为准则，增强对国家发展和民族振兴的责任感。义务教育教科书《历史》（人教版）九年级第六课《工业化国家的社会变化》和第八课《第一次世界大战》对环境问题都有所涉及，通过这两课的学习，引导学生知道化学武器对人类及环境的危害，通过活动，让学生理解人口、资源、环境和发展之间的关系。

★活动年级

九年级

★活动目的

1.通过义务教育教科书《历史》（部编版）九年级第八课《第一次世界大战》历史相关知识延伸化学武器的危害。

2.组织学生参观建川博物馆，了解日军使用化学武器对中国造成的危害。

★活动准备

1.上网查询日本侵华战争期间，日军在中国使用化学武器的情况，了解这些武器对人类健康和环境的危害。

2.准备简报制作工具：4开白纸一张，彩笔若干。

第七篇 从历史看人与自然

★ 活动步骤

1. 自主学习

阅读第八课《第一次世界大战》，探究以下问题：

（1）第一次世界大战的起止时间是？

（2）第一次世界大战发生在哪两个军事集团之间？

（3）列举第一次世界大战的主要战役。

（4）第一次世界大战造成了哪些惨痛后果？

2. 点拨归纳

观看微课《第一次世界大战化学武器对人类及环境的影响》，思考以下问题：

（1）什么是化学武器？

（2）化学武器在第一次世界大战中造成了哪些危害？

（3）第一次世界大战结束后，有哪些化学武器造成的长期危害难以消除？

（4）在禁止化学武器使用的过程中，人类做出了哪些努力？遇到了哪些挑战？

> 战争结束后，凡尔登地区被铅、砷、致命毒气和数以百万计的未爆炸炮弹严重污染，在未来的数十年，这些地区因为重金属含量过高，几乎寸草不生，除了这些，还有许多当时未爆炸的哑弹这种极大的安全隐患，因此法国政府认为居住在那里太危险了。

微课图片一

教师点播归纳：第一次世界大战以后，大量有毒及危险物质流入渠道及塞纳河，导致下游鱼群大量死亡，万幸的是，由于塞纳河水平面要高于工厂排污渠的平面，因此避免了塞纳河水质的严重恶化，但随着降雨的增多，以后的情形则很难预料。大量有害物质已经进入地下水源、天空和土壤，已经对生态环境造成了严重污染，最可怕的是其危险将长期存在。

美军飞机在喷洒毒剂"橙剂"　　　　喷洒毒剂前后对比图

微课图片二

3. 组织学生实地参观

组织学生到四川省成都市大邑县建川博物馆参观，了解日本在二战中使用化学武器对中国造成的危害。

学生活动一

学生活动二

第七篇　从历史看人与自然

★ **活动成果**

学生关于"化学武器对环境影响"的手抄报。

学生作品一

学生作品二

★ 活动资料

化学武器的影响

化学武器在第一次世界大战的首次亮相取得了空前的效果，被称为终极武器。由于其巨大的威力，促使各交战国大规模研制和使用化学武器，化学炮弹和皮肤糜烂性毒剂相继面世，化学战愈演愈烈。据统计，在第一次世界大战中，化学武器造成的伤亡达到了117万，至少有8.5万人死亡，另外化学战后的幸存者中约有60%的人患有终身残疾。

战争结束后，凡尔登地区被铅、砷、致命毒气和数以百万计的未爆炸弹严重污染，在未来的数十年，这些地区因为重金属含量过高，几乎寸草不生。

随着科学技术的不断发展，特别是近代以来化学和物理学的长足进步，人类拥有了更先进的武器装备，人类武器库中甚至出现了在投入战场的那一天就面露狰狞的化学武器和核武器。作战空间也从陆地、水面拓展到了空中、水下。与之相对应，战争对生态环境的影响也在加深和泛化。从第一次世界大战中德军使用氯气袭击英法联军起，大气层和土壤开始遭受酸性物质侵蚀，战争对生态环境的破坏程度日益加深。同时，这种破坏在空间广度上还在泛化。大气、水和土壤很可能由于一种武器的应用、一场战争的爆发而同时受到污染；这种污染的影响也将不仅仅局限在战争爆发地区，而是会影响到更广泛的地区。

第八篇
地理教学中的"绿水青山"

在人类改造自然环境的过程中，产生了人口、资源、环境等一系列问题，使人类的生存和发展面临着巨大威胁。在此背景下，生态文明理念应运而生。这种理念在中学地理学科中体现的非常明显，满盈于世界的、中国的绿水青山间，甚至可以说"生态文明教育"就是地理教学中的"绿水青山"。

一、中学地理课程标准与生态文明教育

《义务教育地理课程标准（2011年版）》中，明确了中学地理学科性质包括区域性、综合性、思想性、生活性、实践性，其中思想性是指"地理课程突出当今社会面临的人口、资源、环境和发展问题，阐明科学的人口观、资源观、环境观和可持续发展的观念，富含热爱家乡、热爱祖国、关注全球以及可持续发展思想的教育内容"。并且在课程目标中明确提出"初步形成尊重自然、与自然和谐相处、因地制宜的意识及可持续发展的观念，增强防范自然灾害、保护环境与资源和遵守相关法律法规的意识，养成关心和爱护地理环境的行为习惯"。说明中学地理是渗透生态文明教育理念的核心科目之一。

现行《义务教育地理课程标准（2011年版）》与生态文明教育有关的内容详见附表。

二、中学地理教材与生态文明教育

现行中学地理教材的内容，以当代人类所面临的环境、资源、人口问题为主线，以"人地关系协调论"的理论和观点向学生进行科学的全球观、人口观、资源观、环境观等教育。对于学生树立正确的人地观，实现绿色发展、循环发展、低碳发展，具有重要意义。现行义务教育教科书《地理》（人民教育出版社）与生态文明教育有关的内容详见附表。

三、中学地理课堂与生态文明教育

中学地理课堂教学,是加强中学生生态文明教育的最基本途径之一,在很大程度上决定了学生是否能具备生态文明意识。因此,在我国的中学地理课堂教学中,要在落实可持续发展理念的基础上,实现对学生的生态文明教育。现在,中学地理教材中包含了很多关于生态环境的内容,还需要通过教师的巧思和设计,为学生提供丰富的教育资源、创设良好的教育情境,以达到良好的教育效果。所以教师不仅要能使用教材,还应该结合生活实例深入挖掘教材,从学生的实际生活环境中提取多样化的教学素材,丰富教学内容,使教学更具现实意义。与此同时,也能培养学生的区域认知、综合分析、人地协调观、地理实践力等地理核心素养。

总之,中学地理教育是实现生态文明教育的重要渠道。生态文明教育要得到有效的开展,必须使生态文明教育成为现有地理课堂教学内容的有机组成部分,这还需要学科教师共同探索,以期将地理学科中的生态文明教育功能最大化。

珍惜地球上每一滴水

附表一：《义务教育地理课程标准（2011年版）》中生态文明相关内容梳理

所属部分		具体内容
第一部分	前言	现代社会要求公民能够科学、充分地认识人口、资源、环境和社会等相互协调发展的重要性，树立可持续发展观念，不断探索和遵循科学、文明的生产方式和生活方式。 　　义务教育地理课程有助于学生形成正确的情感态度与价值观和良好的行为习惯，培养学生应对人口、资源、环境与发展问题的初步能力。这将利于为国家乃至全球的环境保护和可持续发展培养活跃的、有责任感的公民。
	一、课程性质	（三）思想性 　　地理课程突出当今社会面临的人口、资源、环境和发展问题，阐明科学的人口观、资源观、环境观和可持续发展的观念，富含热爱家乡、热爱祖国、关注全球以及可持续发展思想的教育内容。
	二、课程基本理念	2.学习对终身发展有用的地理。 　　地理课程引导学生从地理的视角思考问题，关注自然与社会，使学生逐步形成人地协调与可持续发展的观念，为培养具有地理素养的公民打下基础。
	三、课程设计思路	4.乡土地理既可作为独立学习的内容，也可作为综合性学习的载体。学生可以通过收集身边的资料，运用掌握的地理知识和技能，进行以环境与发展问题为中心的探究性实践活动。
第二部分	课程目标	义务教育阶段地理课程的总目标是：掌握基础的地理知识，获得基本的地理技能和方法，了解环境与发展问题，增强爱国主义情感，初步形成全球意识和可持续发展观念。 　　（三）情感•态度•价值观 4.初步形成尊重自然、与自然和谐相处、因地制宜的意识及可持续发展的观念，增强防范自然灾害、保护环境与资源和遵守相关法律法规的意识，养成关心和爱护地理环境的行为习惯。
第三部分	课程内容	二、世界地理 （二）气候 • 用实例说明人类活动对空气质量的影响。 （三）居民 • 举例说明人口数量过多对环境及社会、经济的影响。 （五）认识区域 • 举例说出某国家在自然资源开发和环境保护方面的经验、教训。

(续表)

所属部分		具体内容
第三部分	课程内容	三、中国地理 （二）自然环境与自然资源 • 运用资料，说出我国土地资源的主要特点，理解我国的土地国策。 • 运用资料说出我国水资源时空分布的特点及其对于社会经济发展的影响。 说明："标准"没有面面俱到地列出各种类型的自然资源，教学中应以水、土资源为案例，引导学生了解我国自然资源总量大、人均少、时空分布不均等特点，进一步认清我国国情，并进行保护与节约资源的教育。 （五）认识区域 • 根据资料，分析某区域内存在的自然灾害与环境问题，了解区域环境保护与资源开发利用的成功经验。 • 以某区域为例，说明区域发展对生活方式和生活质量的影响。 • 以某区域为例，说明我国西部开发的地理条件以及保护生态环境的重要性。 四、乡土地理 说明：乡土地理是必学内容。乡土地理帮助学生认识学校所在地区的生活环境，引导学生主动参与、学以致用，培养学生的实践能力，树立可持续发展的观念，增强爱祖国、爱家乡的情感。

附表二：义务教育教科书《地理》（人教版）七~八年级中生态文明相关内容梳理

教材章节		生态文明相关内容
七年级上册	3.1 多变的天气 3.4 世界的气候 4.1 人口与人种 4.3 人类的聚居地 　　——聚落 5 发展与合作	• 我们需要洁净的空气——认识人类活动对空气质量的影响 • 气候与人类活动——认识气候与人们生活的关系 • 如何应对全球变暖 • 人口的增长要与环境、资源相协调 • 聚落与自然环境的关系 • 对传统聚落以及世界文化遗产的保护 • 发展经济要与环境相协调
七年级下册	7.2 东南亚 8.3 撒哈拉以南非洲 9.2 巴西 10 极地地区	• 探讨如何协调农业生产与东南亚热带雨林保护的关系 • 思考撒哈拉以南非洲面临的人地关系 • 热带雨林的开发与保护 • 极地地区的环境保护

(续表)

教材章节	生态文明相关内容
八年级上册	
1.2 人口	• 人口的基数与增长速度给环境带来的压力
2.1 地形和地势	• 认识身边的自然灾害（如洪涝）
2.3 河流	• 探讨长江流域的生态建设
	• 认识黄河的忧患
2.4 自然灾害	• 地质灾害（地震、火山、泥石流）
3.1 自然资源的基本特征	• 可再生资源不合理利用举例
	• 了解节约和保护自然资源的行为方式
3.2 土地资源	• 我国耕地危机与良田建设、土地荒漠化、水土流失
3.3 水资源	• 合理利用与保护水资源
4.2 农业	• 绿色、低碳、生态农业的不断推广
八年级下册	
6.2 "白山黑水"——东北三省	• 东北平原的开发与保护：湿地面积锐减、生态环境恶化
	• 东北重工业基地：资源枯竭、环境污染
6.3 世界最大的黄土堆积区——黄土高原	• 黄土高原的水土流失
6.4 祖国的首都——北京	• 北京名胜古迹的保护（旅游业的发展与古迹的保护）
	• 北京的现代化（北京古城在现代化进程中面临有效保护古城风貌的问题）
7.2 "鱼米之乡"——长江三角洲地区	• 河流对区域发展的影响（长江三角洲地区与长江、成都平原与岷江）
	• 地方特色文化的开发（旅游）与保护
7.3 "东方明珠"——香港和澳门	• 香港城市用地开发与生态环境保护
8.1 自然特征与农业	• 坎儿井与自然环境的关系
8.2 干旱的宝地——塔里木盆地	• 西部地区资源的开发利用中，"经济效益和生态效益双赢"怎样体现
9.2 高原湿地——三江源地区	• 三江源地区（高原湿地）的保护
10 中国在世界中	• 人口、资源、环境和发展之间的关系
	• 我国在应对全球变化中的努力

案例 1

图说"绿水青山"

活动意图

习近平总书记在十八大报告中指出,建设生态文明是关系人民福祉,关乎民族未来的长远大计。生态文明发展理念强调尊重自然、顺应自然、保护自然,生态文明建设将环境保护列入素质教育的重要内容,而人地协调观和可持续发展的观念是地理这门课程的基本理念。所以在地理课堂教学中,借助地理课的工具——地图了解区域环境保护与资源开发利用的成功经验既是课程标准的要求,也是生态文明建设的需要。森林资源是生态环境的重要组成部分,而中国省级行政区划图是学习中国地理的基础,通过绘制生态地图,既可以帮助学生了解我国森林的现状及其分布,也能巩固其关于省级行政区名称和位置的记忆。

★活动年级

八年级

★活动目的

1. 通过填图,复习巩固中国省级行政区的名称、行政中心和位置。

2. 通过查阅资料收集中国各省级行政区的森林覆盖率数据及重大生态文明工程的相关资料,提高学生收集资料和处理资料的能力。

3. 通过绘制我国省级行政区森林覆盖率分布图及填注生态文明工程,感受十八大以来生态文明建设的成果。

★活动准备

1. 空白的中国省级行政区划图。

2. 水彩笔。

3. 课前查阅中国各省级行政区的森林覆盖率和重大生态文明工程。资料查阅可以分组合作完成,把收集到的数据汇总后,以表格的形式呈现。

★ 活动步骤

1. 记一记

在空白的省级行政区划图上填出 34 个省级行政区的全称、简称、行政中心。

2. 绘一绘

根据中国各省省级行政区森林覆盖率的数值，按覆盖率 0—15、15—30、30—45、45—60、60—75 的等级设计图例，绘制一幅中国各省级行政区森林覆盖率分布图。

3. 填一填

结合资料——中国部分生态文明工程表，在空白的中国省级行政区划图上填注中国部分生态文明工程。

★ 活动成果

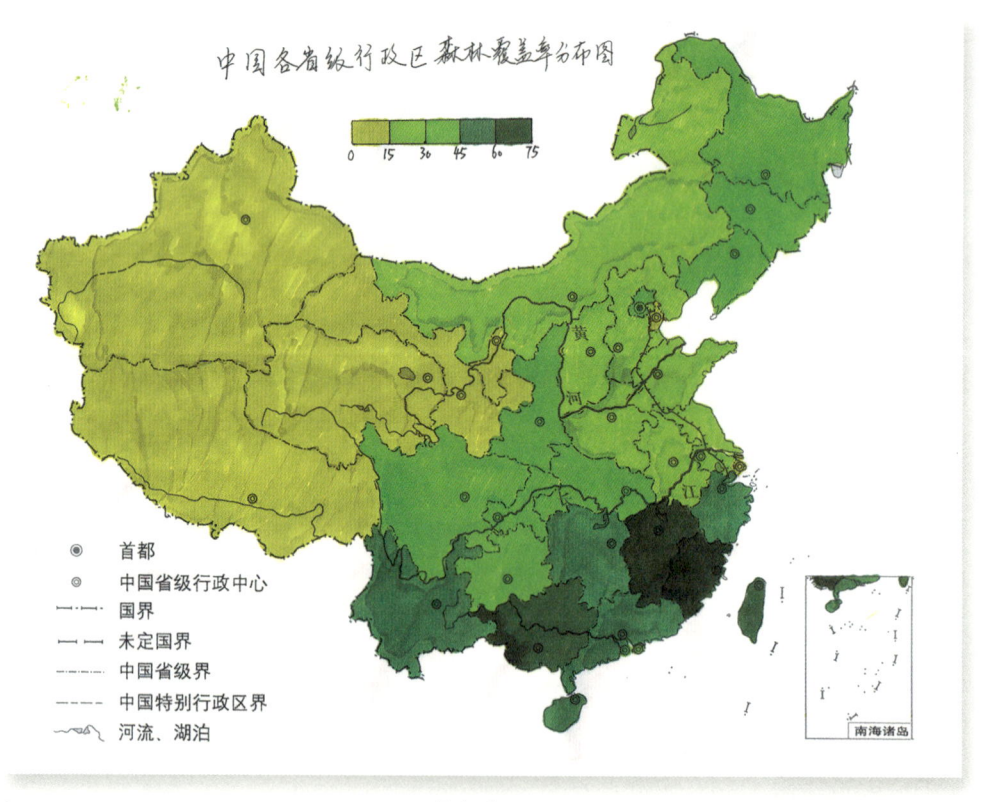

学生作品

★ 活动资料

资料一：

中国各省级行政区森林覆盖率（第九次全国森林资源清查）

省区	森林覆盖率(%)	省区	森林覆盖率(%)	省区	森林覆盖率(%)	省区	森林覆盖率(%)
港	25.05	湘	49.69	川	38.03	苏	15.2
闽	66.8	黑	43.78	澳	30	沪	14.04
赣	61.16	京	43.77	皖	28.65	宁	12.63
台	60.71	贵	43.77	冀	26.78	藏	12.14
桂	60.17	渝	43.11	豫	24.14	津	12.07
浙	59.43	陕	43.06	内蒙古	22.1	甘	11.33
琼	57.36	吉	41.49	晋	20.5	青	5.82
云	55.04	鄂	39.61	鲁	17.51	新	4.87
粤	53.52	辽	39.24				

资料二：

一片片荒原变绿，一个个沙丘止步，一座座青山连绵起伏。从森林匮乏到人工林面积世界第一，从"沙进人退"到"绿进沙退"，神州大地不断绿起来美起来，城乡人居环境不断改善。

中华人民共和国成立之初，百废待兴，森林覆盖率仅有8.6%，森林面积仅有8 000多万公顷。经过70多年坚持不懈植树造林，中国的森林覆盖率增加了1.6倍多，2020年底达到23.04%，森林面积达到2.2亿公顷。"从1949年到改革开放初期，我国平均每年大约新增森林面积1 000平方公里；改革开放40多年来，平均每年新增森林面积2 500平方公里以上。"中国社科院学部委员、可持续发展研究中心主任潘家华表示。

三北防护林、京津风沙源治理、退耕还林等一系列重点林业生态工程，全民义务植树运动等活动，留下一抹又一抹绿色。我国森林面积和蓄积量连续30多年保持"双增长"，人工林面积长期居世界首位。第九次全国森林资源清查数据显示，我国天然林面积1.4亿公顷，人工林面积0.8亿公顷。在全球2000年到2017年新增绿化面积中，约1/4来自中国，贡献比例居全球首位。

——节选自《人民日报》2021年06月23日07版，有删改

案例 2

一江清水向东流

活动意图

水生态文明指人类遵循人水和谐理念,以实现水资源可持续利用,支撑经济社会和谐发展,保障生态系统良性循环为主体的人水和谐伦理形态,是生态文明的重要部分和基础内容。长江作为中国第一大河,流域面积 178 万平方千米,占我国内河流域面积的 42%,水资源总量占全国的 36%,人口总数占全国的 40% 左右。本案例旨在让学生能够结合地理课程标准,运用地图和资料,说出长江的主要水文特征以及对社会经济发展的影响,认识到长江目前各河段存在的生态环境问题,并理解国家在生态文明建设中提出的对长江治理大于开发的政策。

★ **活动年级**

八年级

★ **活动目的**

1. 关注长江流域存在的生态环境问题。
2. 知道长江流域在生态文明建设中的举措。
3. 认识长江流域在生态文明建设中的成果。

★ **活动准备**

水彩笔、附有长江流域空白图的手抄报纸

★ **活动步骤**

1. **查一查**

查找资料,结合活动资料以及教材活动(义务教育教科书《地理》(人教版)八年级上册第二章第三节《河流》,第 44 页活动),完成以下内容:

(1)找出长江流域在不同河段存在的主要环境问题。
(2)列举长江流域近年来有关生态文明建设的重要举措。
(3)归纳出长江流域近年来的生态文明建设成果。

2. 画一画

（1）在长江流域空白图上标注出查找到的长江流域各河段的环境问题、生态文明重要举措及其建设成果。

（2）在手抄报纸的空白处，用漫画、思维导图等形式展现长江流域各河段的环境问题、生态文明重要举措及其建设成果。

★ **活动成果**

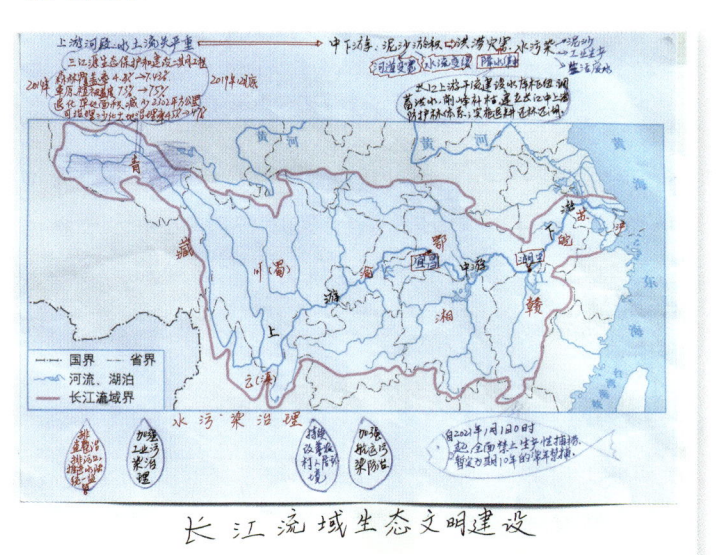

学生作品一

学生作品二

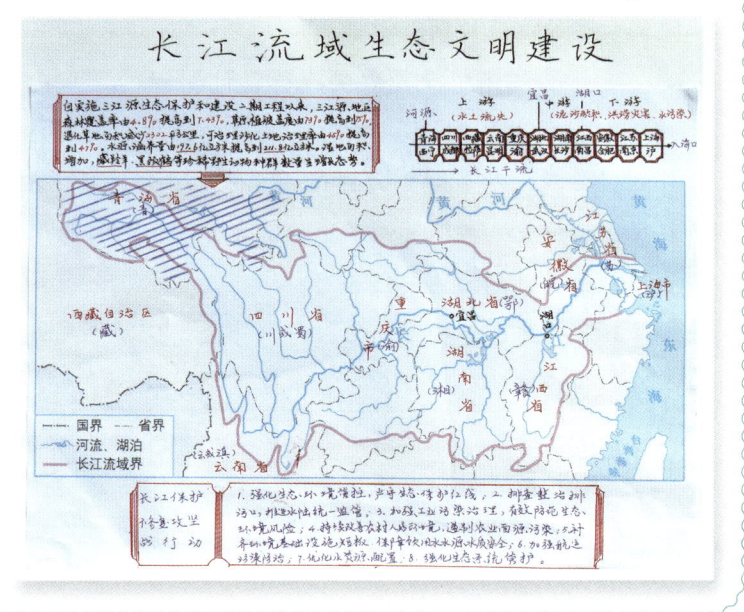

★ 活动资料

一、三江源生态保护和建设工程

三江源地区是长江、黄河、澜沧江的发源地。上世纪70年代起，气候变化及人为因素致当地草原、河湖等生态系统发生退化，源头涵水能力下降，对下游产生影响。2005年，我国启动为期9年的三江源生态保护和建设一期工程，初步遏制了这一地区的生态退化趋势。2014年，投入更高、标准更严格的二期工程接续启动。截至2019年12月底，三江源生态保护和建设二期工程项目超额完成年度目标任务。自实施三江源生态保护和建设二期工程以来，三江源地区森林覆盖率由4.8%提高到7.43%，草原植被盖度由73%提高到75%，退化草地面积减少2 302平方公里，可治理沙化土地治理率由45%提高到47%。水源涵养量由197.6亿立方米提高到211.8亿立方米，地表水环境质量状况为优。湿地面积显著增加，藏羚、普氏原羚、黑颈鹤等珍稀野生动物种群数量呈增长态势，区域生态稳步恢复，保护成效初显。

二、长江湿地保护网络

2014年以来，党中央、国务院提出了推进长江经济带建设的重大战略，该经济带9省2市主要位于长江流域。国家林业局和沿江11省市及世界自然基金会一起，历时9年构建发展的长湿地保护网络，是我国第一个基于流域尺度的湿地协调保护模式。

三、长江保护修复攻坚战行动计划

2019年1月21日，生态环境部办公厅印发长江保护修复攻坚战行动计划。要求深入贯彻全国生态环境保护大会精神，把修复长江生态环境摆在压倒性位置，共抓大保护、不搞大开发，打好长江保护修复攻坚战。

该行动计划的主要任务有：

1. 强化生态环境空间管控，严守生态保护红线；

2. 排查整治排污口，推进水陆统一监管；

3. 加强工业污染治理，有效防范生态环境风险；

4. 持续改善农村人居环境，遏制农业面源污染；

5. 补齐环境基础设施短板，保障饮用水水源水质安全；

6. 加强航运污染防治，防范船舶港口环境风险；

7. 优化水资源配置，有效保障生态用水需求；

8. 强化生态系统管护，严厉打击生态破坏行为。

四、长江流域水生生态保护

2020年1月，农业农村部发布关于长江流域重点水域禁捕范围和时间的通告，《农业部关于公布率先全面禁捕长江流域水生生物保护区名录的通告》公布的长江上游珍稀特有鱼类国家级自然保护区等332个自然保护区和水产种质资源保护区，自2020年1月1日0时起，全面禁止生产性捕捞。长江干流和重要支流除水生生物自然保护区和水产种质资源保护区以外的天然水域，最迟自2021年1月1日0时起实行暂定为期10年的常年禁捕，期间禁止天然渔业资源的生产性捕捞。

五、长江流域洪涝灾害治理措施

长江流域洪涝灾害的危害程度既受天气异常的影响，又与人类活动密切相关。由于长期不合理的耕作方式和人为破坏，特别是对森林的过度樵采，长江中上游地区的植被大量减少，水土保持能力逐渐削弱。泥沙淤积使部分河段的河床高出地面几米、十米，出现"悬河"景观，长江流域的洪涝灾害因此更加严重。长江的防洪抗灾应采取因地制宜、综合治理的方针，在长江上游干流建设水库枢纽，调蓄洪水，削峰补枯；建立长江中上游防护林体系，禁止在长江沿岸乱砍乱伐，围湖造田，实施退耕还林还湖措施，涵养水源，防治水土流失。

案例 3

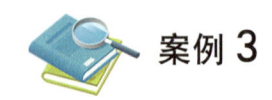

图话双流土地资源

活动意图

土地孕育了地球上的万物，是人类的衣食之源和生活、生产的空间。中国土地资源总量多，人均少，耕地所占比重低且后备耕地资源不足，与快速增长的人口形成突出矛盾。在成都市双流区，中国的土地国情体现的十分明显。

《义务教育地理课程标准（2011 年版）》明确提出要"开展乡土地理调查、为家乡建设献计献策等活动""帮助学生认识学校所在地区的生活环境，引导学生主动参与、学以致用，培养学生的实践能力，树立可持续发展的观念，增强爱祖国、爱家乡的情感"。义务教育教科书《地理》（人教版）为此专门设计了两个活动"说出家乡土地利用类型构成的主要特点"及"理解我国土地的基本国策"。综上所述，本活动意在让学生通过对双流区土地资源利用相关信息的了解与剖析，理解我国土地的基本国策，树立尊重自然、顺应自然、保护自然的生态文明理念，增强爱祖国、爱家乡的情感。

★ **活动年级**

八年级

★ **活动目的**

1. 读成都市双流区土地资源的相关资料，了解双流区土地资源的分布及利用现状。

2. 通过辩论，明确双流区土地资源利用比重高、后备相对不足的现状，理解"节约集约用地，严守耕地红线"的意义。

3. 通过设计宣传海报，为双流区生态文明建设贡献自己的力量，增强爱祖国、爱家乡的情感。

★ **活动准备**

双流区土地利用比重图、双流区农用地比重图、双流区各乡（镇）土地用途分区面积表、双流区地形图

★活动步骤

1. 读一读、说一说

读双流区土地利用比重图、双流区农用地比重图、双流区各乡（镇）土地用途分区面积表、双流区地形图，说一说：

（1）双流区耕地的比重特点及主要分布特点。

（2）双流区是如何因地制宜利用土地的？

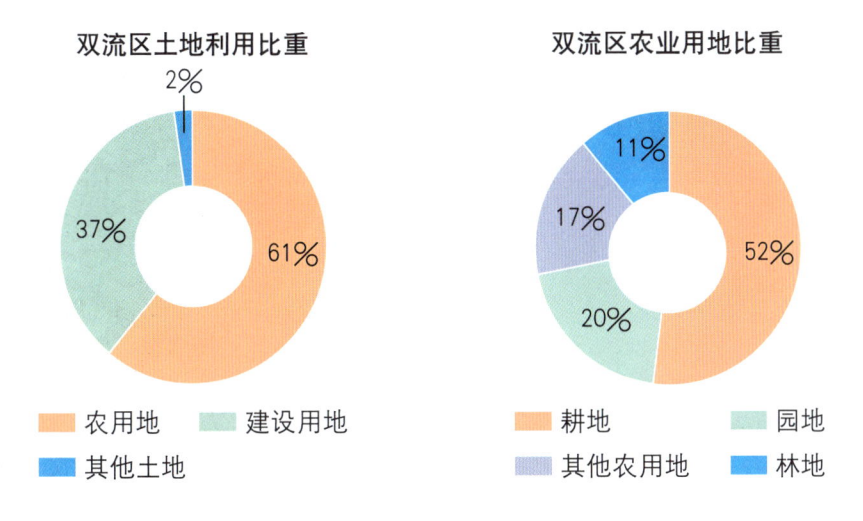

双流区土地利用比重

- 农用地 61%
- 建设用地 37%
- 其他土地 2%

双流区农业用地比重

- 耕地 52%
- 园地 20%
- 其他农用地 17%
- 林地 11%

2. 辩一辩

随着双流区人口的不断增加，我们是否可以进一步扩大耕地及建设用地的比重？

3. 谈一谈

针对双流区土地利用存在的主要问题，谈谈你的看法。

4. 绘一绘

以"节约集约用地，严守耕地红线"为主题，绘制一幅宣传海报。

★ 活动成果

学生作品一

学生作品二

学生作品三

★ 活动资料

成都市双流区各乡（镇）土地用途分区面积表

单位：公顷

乡镇	基本农田保护区	一般农地区	城镇村建设用地区	独立工矿区	风景旅游用地区	生态环境与安全控制区	林业用地区	其他用地
华阳街道	115.69	1 405.17	4 686.61	12.50	0.26	0	124.18	567.57
西航港街道	61.94	877.27	2 902.37	16.68	0	0	38.95	301.71
正兴街道	697.31	1 716.17	1 922.21	32.62	0	0	266.32	249.04
东升街道	18.8	970.01	2 826.92	11.02	0	0	19.77	1 386.6
彭镇	1 148.36	1 214.46	1 031.75	15.42	0	0	2.09	227.13
黄龙溪镇	1 825.09	1 394.27	692.58	57.92	36.46	0	705.27	255.73
永安镇	1 796.48	1 759.68	1 114.97	11.26	0	0	738.46	240.35
九江街道	669.65	1 468.03	1 199.04	41.69	0	0	35.57	201.42
黄水镇	985.12	1 097.20	792.76	31.90	0	0	26.67	330.53
金桥镇	1 534.54	1 245.64	650.78	119.16	0	39.3	15.82	528.52
黄甲街道	212.57	962.98	1 563.39	12.22	0	0	148.81	317.7
公兴街道	220.78	1 318.51	2 027.61	18.36	1.58	0	212.91	306.19
胜利镇	681.12	1 147.35	1 096.69	13.50	0	0	234.06	243.23
中和街道	90.9	427.06	931.01	4.42	1.14	0	0	193.22
新兴街道	1 608.47	806.37	1 012.37	2.52	0	0	64.12	203.88
万安街道	564.57	691.06	1 410.38	12.06	0	0	180.05	220.32
太平街道	2 635.65	658.17	351.57	11.58	0	0	432.46	104.06
白沙街道	2 125.34	975.94	541.52	17.72	0	0	96.74	97.04
合江街道	1 612.53	1 523.93	403.53	12.87	0	0	656.76	133.42
兴隆街道	868.43	1 082.14	1 489.74	47.68	0	0	296.59	425.03
永兴街道	1 376.47	1 650.30	469.19	4.61	0	0	411.35	187.32
三星街道	1 729.04	841.69	428.96	11.73	0	0	762.35	111.42
藉田街道	2 438.05	1 115.62	603.96	20.70	0	0	470.46	146.45
大林街道	2 956.98	991.13	560.23	6.85	0	0	782.07	213.67
煎茶街道	1 770.36	2 006.15	1 428.64	22.93	0	0	611.51	359.64
合计	29 744.24	29 346.3	32 138.78	569.92	39.44	39.3	7 333.34	7 551.19

节约集约用地　严守耕地红线

今年 6 月 25 日是第三十个全国"土地日",今年的主题是"节约集约用地,严守耕地红线"。

习近平总书记强调,对我们这样一个有着 14 亿人口的大国来说,农业基础地位任何时候都不能忽视和削弱,手中有粮、心中不慌在任何时候都是真理。耕地是保障国家粮食安全的基石,是我国最为宝贵的资源,关系十几亿人的吃饭大事。在当前常态化疫情防控中,守护好 18 亿亩耕地红线,让每一寸耕地成为丰收的沃土,才能更好地把握国家粮食安全的主动权。

第 30 个全国"土地日"宣传海报

长期以来,党中央、国务院始终坚持最严格的耕地保护制度,持续加大耕地保护力度,强化耕地保护主体责任,坚持节约集约用地,严格落实占补平衡,严守耕地红线,为我们把饭碗牢牢端在自己手里奠定了坚实基础。但也要清醒看到,我国人多地少的基本国情没有变,人均耕地少、耕地质量总体不高、耕地后备资源不足,耕地保护面临数量、质量、生态等多重压力。而且随着新型工业化、城镇化建设深入推进,占地需求和补地资源空间不匹配等问题日益显现,土地资源的无序开发与粗放利用并存,导致土地生态系统功能不断退化。面对新形势新问题,必须继续坚守最严格的耕地保护制度,坚持节约集约用地,牢牢守住耕地红线。

——节选自《人民日报》2020 年 6 月 25 日 01 版,有删改

节约集约用地的含义

节约集约用地主要包括三层含义:一是节约用地,各项建设都要尽量节省用地,千方百计地不占或少占耕地;二是集约用地,每宗建设用地必须提高投入产出的强度,提高土地利用的集约化程度;三是通过整合、置换和储备,合理安排土地投放的数量和节奏,改善建设用地结构、布局,挖掘用地潜力,提高土地配置和利用效率。

案例 4

绿色"天路"

活动意图

青藏高原被誉为"世界屋脊""地球第三极""亚洲水塔",是珍稀野生动物的天然栖息地和高原物种基因库,是中国乃至亚洲重要的生态安全屏障,是中国生态文明建设的重点地区之一。青藏高原具有海拔高、气温低、降水少、生态系统结构简单、抗干扰能力弱和易受全球环境变化影响的特点,表现出较强的脆弱性。

《义务教育地理课程标准(2011年版)》要求"了解人类所面临的人口、资源、环境和发展等重大问题,初步认识环境与人类活动的相互关系,树立可持续发展观念"。本活动旨在通过探讨青藏铁路沿线生态环境保护的活动开展,知道青藏地区生态环境建设的重要性,初步形成尊重自然、与自然和谐相处的观念,养成关心和爱护地球环境的行为习惯。

★ 活动年级

八年级

★ 活动目的

1. 通过搜集青藏铁路沿线存在的生态环境问题,知道青藏地区生态环境建设的重要性。

2. 通过搜集和展示青藏铁路沿线生态文明建设中的措施和成果,感受青藏铁路是一条低碳绿色环保的天路。

3. 牢固树立尊重自然、顺应自然、保护自然的生态文明理念。

★ 活动准备

1. 水彩笔、空白的手抄报纸等。

2. 收集青藏铁路资料,制作课件。

★ 活动步骤

1. 认识青藏铁路

教师介绍青藏铁路概况，学生初步了解青藏铁路是世界上海拔最高、线路最长的高原铁路。

思考：为什么说青藏铁路是一条"绿色生态之路"？

2. 小组合作讨论

结合教师所给资料，小组合作，讨论并整理出下列问题的答案：

（1）青藏铁路沿线存在的生态环境问题。

（2）青藏铁路沿线生态环境保护的举措。

（3）青藏铁路沿线生态文明建设中的成果。

3. 分组汇报

根据学生自选主题进行分组，各组同学结合课上学习内容，课下搜集资料，制作课件，汇报青藏铁路沿线生态环境保护的措施和取得的成果。

主题：植被的保护、动物的保护、湿地的保护、冻土的保护。

学生展示一 　　　　　　　　　　学生展示二

4. 设计活动

以"青藏铁路成为人与动物'和谐之路'"为主题，为青藏铁路沿线设计动物交通标牌或环保漫画。

★ 活动成果

学生作品一

学生作品二

学生作品三

学生作品四

第八篇 地理教学中的"绿水青山"

★活动资料

青藏铁路八项措施保护高原生态环境安全

中新社北京6月29日电——被誉为"雪域天路"的青藏铁路将于一天后正式通车。中国铁道部青藏办常务副主任朱振升今天在此间表示,为了保护青藏高原的生态环境,青藏铁路工程斥资逾15亿元人民币、采取了八项措施,成效卓著。

朱振升说,青藏高原的环境具有"原始、独特、高寒、脆弱"的显著特点。在整个工程330.9亿元的总投资中,用于环境保护的专项资金达到15.4亿元,同时,建设者通过八项措施全面系统开展环境保护工作。

一、全面贯彻执行《环境保护法》《野生动物保护法》《水土保持法》等各项环境法律法规,以生态环境评价结果指导设计、施工和环境管理。

二、制定环保设计原则。如:在设计选线上,防止阻断保护区的物流、能流和基因流,不改变区域地表结构现状。在高温高含冰量冻土及湿地地段,尽量采用桥梁工程通过。

三、在中国重大建设项目首次实行环保监理制度,建立起由青藏铁路建设总指挥部统一领导、施工单位具体落实并承担责任、工程监理单位负责施工,环保工作日常监理、环保监理实施全面监控"四位一体"环保管理体系。

四、切实保护地表土壤和高原生态环境漫长演变过程中形成的草原、草甸植被。所进行的植被恢复和边坡植草试验均获成功,开创了世界高原、高寒地区人工植草试验成功的先例。

五、保护野生动物自由迁徙。铁路选线尽量避开野生动物栖息、活动的重点区域,在沿线设置了33处不同形式的野生动物通道。从2003年开始,现场监测表明,野生动物穿过通道的数量一年比一年多,说明这些通道可行、有效。

六、遏制沿线水土流失。如:对宜于植草地段的路基边坡大量采用草皮防护,不宜于植草地段采用干砌片石或混凝土预制块方格型骨架护坡进行防护,或采用挂网喷射混凝土防护。

七、防止江河湖泊污染。如:施工期间产生的固体废物和营地生活垃圾分类收集,不可降解成分运至环保条件允许的地点集中处理;沿线车站尽可能选用太阳能等清洁型能源。

八、保护沿线自然景观。取消了设在玉珠峰、错那湖等地段不符合景观要求的取（弃）土场和砂（石）料场，不在线路两侧取（弃）土、采砂（石），施工完成后及时恢复地貌环境。

朱振升表示，经青海、西藏两省区环保部门监测结果显示，青藏铁路建设对江河湖泊水质无明显影响，植被、冻土、湿地环境得到有效保护，沿线野生动物迁徙条件和铁路两侧自然景观未受破坏。

——选自《中国新闻网》2006年6月29日

绿色"天路"——青藏铁路

可可西里国家级自然保护区

三江源国家级自然保护区

羌塘国家级自然保护区

案例 5

攀枝花的前世今生

活动意图

《义务教育地理课程标准（2011年版）》要求我们"运用地图，描述家乡的地理位置""利用图文材料说明家乡主要地理事物的变迁及其原因""了解家乡的发展规划，关注家乡的未来发展，树立建设家乡的志向"。我们的家乡四川省历史悠久、民族团结、自然环境优美，在家乡人民的建设下蓬勃发展，攀枝花作为四川省南部重要城市，近年来变化巨大——由传统的工业城市转变为康养城市。这不仅仅是产业结构的调整，也深刻地反映着人与自然的相处之道。本活动意在让学生通过分析攀枝花城市转型的原因，了解人类活动与自然环境的关系，树立尊重自然、顺应自然、保护自然的生态文明理念，增强爱祖国、爱家乡的情感，从而为建设家乡、振兴家乡发奋学习。

★ **活动年级**

八年级

★ **活动目的**

1. 通过分析攀枝花钢铁产业对环境造成的不良影响，明确不合理的人类活动对环境产生的影响。

2. 分析攀枝花转型为康养基地所凭借的自然条件，树立尊重自然、顺应自然、保护自然的生态文明理念。

★ **活动准备**

四川省行政区划图、攀枝花2004年的空气质量状况图、攀枝花2014年的空气质量状况图、攀枝花地形图

★ 活动步骤

1. 识位置

在四川省行政区划图上描出攀枝花的轮廓，分析攀枝花在四川省所处的位置。

2. 说影响

根据所给活动资料，归纳攀枝花钢铁产业对当地环境造成的不良影响，并以漫画的形式呈现出来。

3. 观变化

利用网络搜集材料，从空气质量、植被覆盖率、水质等方面对比攀枝花修建康养基地前后的环境变化。

4. 析条件

查找相关资料，分析攀枝花成为康养基地的条件，并为攀枝花设计一张康养宣传海报。

★ 活动成果

学生作品一

学生作品二

★ 活动资料

攀枝花市 2004 年空气质量达标状况

16%
84%

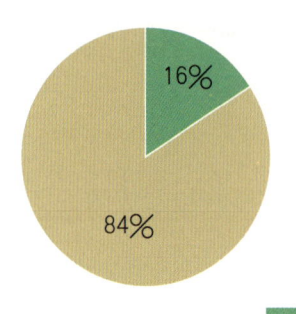

攀枝花市 2014 年空气质量达标状况

7%
93%

■ 达标　■ 不达标

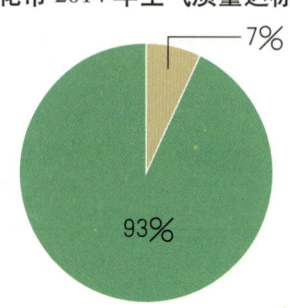

采矿现场

钢铁工业造成水污染

阳光花城，康养胜地

　　攀枝花市属南亚热带干热河谷气候，年均气温 20.4℃，森林覆盖率 62.4%，冬无严寒、夏无酷暑，是"一座没有冬天的城市"。攀枝花市被纳入国家现代农业示范区、全国首批特色农产品优势区、全国立体农业示范点和"南菜北调"基地，是四川省唯一的亚热带水果生产基地，盛产各类特色"攀果"、早春蔬菜；教育和医疗水平区域领先，康养旅游度假产业蓬勃发展，入选了首批国家医养结合试点城市、中国康养 20 强市、中国城市宜居竞争力排行榜 50 强。

　　当前，攀枝花市正在实施精明增长战略，推动内外交通和城市品质"两大改观"，建设区域优质教育、医疗健康、时尚消费"三大中心"，构建阳光康养产业生态圈，建设高品质生活宜居地，打造国际阳光康养旅游目的地。

第九篇
中学生物中的可持续发展教育

提高学生的环保素养是义务教育课程的目标之一。生物学作为一门与自然环境紧密联系的学科，蕴含着丰富的环境教育素材，《义务教育生物学课程标准（2011年版）》也指出义务教育生物学课程的目标之一是"理解人与自然和谐发展的意义，提高环境保护意识"，所以生物学课程对学生环保素养的提高具有不可替代的重要作用。因此，在环境教育尚未系统普及，没有专门的环境教育课程的情况下，在环境教育视野下对生物学教材进行分析，可为教师更有效地对学生开展环境教育提供一定的参考。在课堂中落实环境教育，提高学生的环境保护意识，提升学生的环境保护技能，树立其人与自然和谐发展的理念是生物学课程的环境教育价值。

中小学生是国家的未来，民族的希望，学校开展环境教育对于中学生深刻认识环境问题，参与环境问题的解决，树立正确的人口观、环境观、资源观来说是必不可少的。中学阶段学生的能力和知识会逐渐增长，人生观、价值观、世界观和社会责任感也会慢慢形成，这一时期的学习对他们以后的行为起着至关重要的作用。在初中阶段让学生认识环境，培养学生的环境保护意识、增强其社会责任感已然成为

保护野生动物

环境教育的首要任务。初中生物课程与生态环境紧密联系，它包含有大量的自然环境和生物体自身的知识内容，生物课程的学习可以帮助学生获得大量的环境保护相关的知识，培养学生运用环境相关知识解决环境问题的能力，并树立其人与自然和谐发展的观念。所以，对初中生物学教材中的环境教育素材进行分析并在课堂中开展环境教育，对中学生了解我国乃至全球环境问题，参与环境问题的解决，提高环境保护意识，培养学生社会责任感具有积极的作用。

附表一：《义务教育生物学课程标准（2011年版）》中生态文明相关内容梳理

一级主题	二级主题	具体内容
生物与环境	• 生物的生存依赖一定的环境 • 生物与环境组成生态系统 • 生物圈是人类与其他生物的共同家园	• 举例说出水、温度、空气、光等是生物生存的环境条件 • 举例说出某些有害物质会通过食物链不断积累 • 确立保护生物圈的意识
生物圈中的绿色植物	• 绿色植物对生物圈有重大作用	• 概述绿色植物为许多生物提供食物和能量 • 说明绿色植物有助于维持生物圈中的碳氧平衡 • 描述绿色植物在生物圈水循环中的作用 • 参加绿化家园的活动
生物圈中的人	• 人是生物圈中的一员	• 举例说明人对生物圈的影响 • 拟定保护当地生态环境的行动计划
生物的多样性	• 生物的多样性	• 关注我国特有的珍稀动植物 • 说明保护生物多样性的重要意义

附表二：义务教育教科书《生物学》（北师大版）七～八年级中生态文明相关内容梳理

学段	教材章节	生态文明内容
七年级上册	第1章 第2节 生物与环境的相互影响 第5章 第1节 光合作用 第7章 绿色植物与生物圈	• 生物能适应环境，也能影响和改变环境 • 植物通过叶绿体利用光能，将二氧化碳和水转化成有机物并释放氧气 • 绿色植物在生物圈中的作用；我国的植物资源；我国的绿色生态工程
七年级下册	第14章 人在生物圈中的义务	• 人类活动对生物圈的影响；保护生物圈是全人类的共同义务
八年级上册	第17章 生物圈中的动物	• 动物在生物圈中的作用；我国的动物资源及保护
八年级下册	第23章 生态系统及其稳定性 第24章 人与环境	• 生物的生存依赖一定的环境；生态系统概述；生态系统的结构与功能；生态系统的稳定性 • 关注农村环境；关注城市环境

案例 1

生物圈伟大的生产者
——绿色植物光合作用的产物为生物提供必需的物质和能量

活动意图

本课题旨在让学生通过实验探究活动，认识到绿色植物能通过其特有的生理过程——光合作用合成有机物等产物，能为其他物种提供必需的物质和能量，绿色植物作为生产者在生物圈中具有不可替代的作用，从而帮助学生形成爱护植被，爱护环境的环保意识；让学生基于实验结果进行科学理性的分析构建概念，从而形成环保意识，培养学生科学探究能力、社会责任等学科核心素养。

★ **活动年级**

　　七年级

★ **活动目的**

　　1. 探究绿色植物光合作用的产物有淀粉等有机物，能举例说明有机物储存着能量。
　　2. 分析资料，阐述绿色植物进行光合作用合成有机物的意义。

★ **活动准备**

　　盆栽天竺葵、小麦种子、小烧杯、大烧杯、培养皿、三脚架、石棉网、酒精灯、火柴、镊子、解剖针、酒精、碘液、清水

★ **活动步骤**

1. 探究绿色植物光合作用的产物有淀粉等有机物

（1）提前将盆栽的天竺葵暗处理一昼夜后，置于阳光下照射2—3小时，然后取下叶片进行脱色处理。

（2）待叶片变成黄白色后，取出在清水中漂洗，然后往叶片表面滴加碘液观察颜色变化，解释实验结果。

叶片脱色变成黄白色　　　　　　叶片上滴加碘液

2. 探究有机物储存着能量

（1）鉴定小麦种子内含有淀粉等有机物。

方案一：

将小麦种子碾碎成白色的粉末（小麦面粉），置于培养皿内滴加碘液观察颜色变化。

方案二：

取一勺小麦面粉放入纱布内包裹起来，置于盛有清水的烧杯中浸湿，在清水中揉挤纱布内的面粉，使面粉中的淀粉溶入到清水中，当烧杯内的清水变成浑浊的淀粉溶液后，往淀粉溶液中滴加碘液观察颜色变化。

（2）结合生活经历，如"电吹风工作原理"，认识能量能发生转化。

（3）验证小麦种子内的有机物储存着能量。

用解剖针横穿一颗小麦种子，而后置于酒精灯火焰上燃烧，点着以后将手置于燃烧着的种子周围感受热度，解释燃烧过程中的能量转化，得出种子内的有机物中储存着能量的结论。

3. 阐述绿色植物在生物圈中的地位

（1）阅读分析资料，阐述绿色植物进行光合作用合成有机物的意义。

（2）设计保护植物的宣传语。

★ 活动成果

1. 给小麦种子碾成的粉末（小麦面粉）滴加碘液变蓝，说明小麦种子含有淀粉。

鉴定小麦种子含有淀粉

2. 给小麦面粉溶液滴加碘液，溶液变蓝，说明小麦种子内含有淀粉。

鉴定面粉含有淀粉

3. 燃烧小麦种子，有发光发热现象，说明小麦种子内含有有机物，在燃烧的过程中有机物中的化学能转化为了光能和热能。

燃烧小麦种子

4. 保护植物宣传语展示。

★ **活动资料**

光合作用是绿色植物吸收阳光的能量，吸收二氧化碳和水，合成有机物并释放氧的过程。这一个看似简单的光合反应过程，却是科学家们经过几个世纪的不懈研究才得以证明的。

1771年，英国的普利斯特莱通过研究得知植物能净化空气。

1779年，荷兰的科学家英格豪斯证明植物需要阳光才能制造氧气。

1864年，德国植物生理学家萨克斯通过实验证明淀粉是光合作用的产物。

1940年，鲁宾和卡门证明了光合作用释放的氧气来自水，糖类中的氢也是来自水。

诺贝尔奖的桂冠已多次被从事光合作用研究的科学家们所摘取。光合作用被诺贝尔奖基金委员会称作是"地球上最重要的化学反应"，它是地球上一切生命生存和发展的基础。

据科学家估计，整个地球上的绿色植物光合作用一年所制造的有机物，若折算成葡萄糖可达 4 500 亿吨左右。地球上绿色植物一年进行光合作用所提供的能量，若折算成电能，可达 1 700 万亿度左右。现在整个地球上人类一年所消耗的能量仅占绿色植物光合作用所提供能量的 10% 左右。

光合作用机理的研究已经取得了很多突破，但是还有许多问题尚不清楚。因此，光合作用的研究还有许多工作要做，感兴趣的同学可以追随科学家们的脚步继续深入研究下去。

案例 2

验证绿色植物能净化空气

活动意图

本课题是新课标十大一级主题之一——生物圈的绿色植物的相关内容。旨在让学生通过实验探究活动，认识到绿色植物能通过光合作用吸收二氧化碳释放氧气，绿色植物在生态系统中扮演重要角色，认同绿色植物有助于维持生物圈中的碳氧平衡。通过探究活动，加深学生对相关知识的理解，提高学生运用知识解决实际问题的能力，从而帮助学生形成爱护植被，爱护环境的环保意识，培养学生生物学科核心素养和社会责任感。

★活动年级

七年级

★活动目的

1. 通过开展探究实验，分析实验结果，能归纳出绿色植物光合作用吸收二氧化碳产生氧气，调节大气的碳氧平衡的结论。

2. 搜集青城山森林覆盖率和氧离子浓度资料，对家乡绿化建设提出自己的建议。

★活动准备

天竺葵、黑藻、小烧杯、大烧杯、火柴、清水、卫生香、培养皿、三脚架、石棉网、酒精灯、火柴、镊子、氢氧化钠溶液、酒精、碘液

★活动步骤

1. 了解温室效应的形成原因及危害

观看视频资料,描述温室效应的形成原因及危害。

2. 验证实验"植物光合作用吸收二氧化碳"

(1)准备一盆天竺葵,进行暗处理。

(2)将两段经过一昼夜暗处理的天竺葵枝条分别放入两个小烧杯里,将小烧杯放在培养皿上。①号培养皿加清水,②号培养皿加25%氢氧化钠溶液,用玻璃罩罩住实验装置,并在瓶口涂抹凡士林,防止气体进入。

制作实验装置1

(3)光照两天后摘下天竺葵的叶片,经酒精褪色处理后检查是否有淀粉存在。

3. 验证实验"黑藻在光下能产生氧气"

(1)在大烧杯里装入黑藻,在水中加碳酸氢钠溶液,用短管漏斗倒扣,漏斗口连接一根试管,收集氧气。

(2)光照两天后,用带火星的卫生香检验收集到的气体是否是氧气。

制作实验装置2

4. 调查青城山森林覆盖率和氧离子浓度

(1)全部同学利用周末时间查阅资料,调查身边的森林覆盖率、氧离子浓度,小组统计并绘制手抄报。

(2)举例谈一谈,我们可以用哪些实际行动来保护植被?

如不乱砍伐森林、减少一次性方便木筷、植树造林、节约纸张、不践踏草坪等。

★ **活动成果**

1. 在"天竺葵"实验中，①号叶片滴加碘液变蓝，②号不变蓝，说明绿色植物光合作用吸收二氧化碳，降低空气中二氧化碳的浓度。

①号叶片加碘液变蓝　　　　②号叶片加碘液不变蓝

2. 在"黑藻"实验中，用带火星的卫生香伸进试管，卫生香复燃，说明绿色植物光合作用产生氧气，从而调节大气中的碳氧平衡。

3. 学生利用周末时间查阅青城山的森林覆盖率、氧离子浓度及其与人体健康的关系，绘制手抄报。

检验氧气

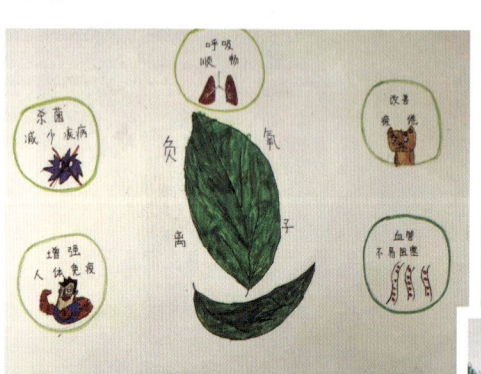

学生作品一

学生作品二

★ **活动资料**

温室效应简介

温室效应，是指大气的保温效应。大部分太阳短波辐射能够透过大气到达地面，但地面受热后向外放出的大量长波热辐射线却被大气大量吸收，这样就使地面与近地面大气温度增高，因其作用类似于栽培农作物的温室，故名温室效应。自工业革命以来，人类向大气中排入的二氧化碳等吸热性强的温室气体逐年增加，大气的温室效应也随之增强，导致全球气候变暖等一系列问题。

全球气候变暖可能会带来以下几种严重恶果：

1. 地球上的病虫害增加

科学家曾经发出警告，由于全球气温上升令北极冰层融化，被冰封十几万年的史前致命病毒可能会重见天日，导致全球陷入疫症恐慌，人类生命受到严重威胁。

2. 海平面上升

如果地球表面温度的升高按现在的速度继续发展，到2050年全球温度将上升2~4摄氏度，南北极地冰山将大幅度融化，导致海平面大大上升，一些岛屿国家和沿海城市将淹没于水中。

3. 气候反常，海洋风暴增多

4. 土地干旱，沙漠化面积增大

为减少大气中过多的二氧化碳，一方面需要人们减少含碳燃料的燃烧，另一方面需要人们保护好森林和海洋，尽量使用清洁能源等。

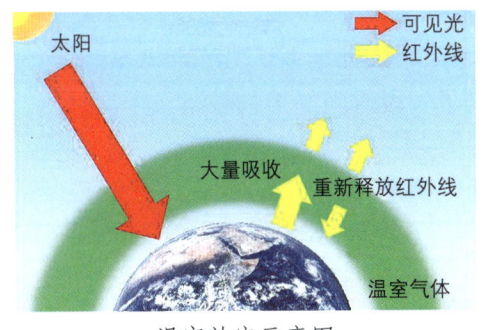

温室效应示意图　　　　温室效应漫画

案例 3

水循环的原生动力——蒸腾作用

活动意图

本节课有课堂教学及课外实践活动两部分。通过学生对蒸腾作用现象及蒸腾作用水的来源及去向的一系列观察和探究，使其了解植物的蒸腾作用，认知到能通过促进生物圈中的水循环，改变周边的气候，从而改善生态环境。帮助学生理解生物能适应、影响和改变环境，树立其人与自然和谐发展的理念，提高其环境保护意识。

★ 活动年级

七年级

★ 活动目的

1. 探究植物蒸腾失水实验，描述蒸腾作用的器官和过程。

2. 观察并分析植物枝条吸收红墨水的现象，能说出植物茎运输水分的部位及方向。

3. 调查校园内树林、草地、裸地的相对湿度并写出调查报告，解释植被对空气湿度的影响，理解植物对环境的调节作用。

4. 绘制"植物在生物圈水循环中的作用"的海报，能概述丰富的植被覆盖对生态环境的重要意义，理解植物能促进生物圈水循环的意义。

★ 活动准备

蒸腾作用实验装置、红墨水中培养了一段时间的植物枝条、干湿计

★ 活动步骤

1. 观察植物蒸腾作用

（1）各小组通过蒸腾作用实验装置观察验证植物蒸腾作用。

（2）讨论塑料袋上的小水珠的来源及蒸腾作用的原理。

蒸腾作用装置及现象

2. 观察植物对红墨水的吸收

（1）各小组观察在稀释的红墨水中培养了一周的植物枝条的茎和叶。

（2）讨论蒸腾作用所释放的水分的来源。

运输作用装置及现象

3. 调查校园内树林、草地、裸地的相对湿度

各小组在校园内选定三处包含树林、草地、裸地的地块，分别用干湿计测量其近地面空气湿度，并得出调查报告。

测量空气湿度

4. 绘制"植物在生物圈水循环中的作用"的海报

★ **活动成果**

各小组利用课余时间完成海报的制作，并进行班级展示。

学生作品一

学生作品二

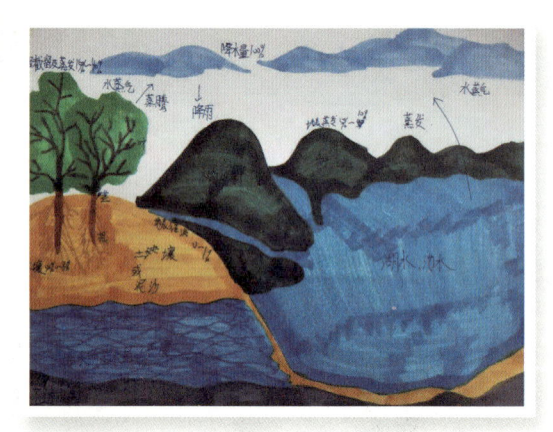

学生作品三

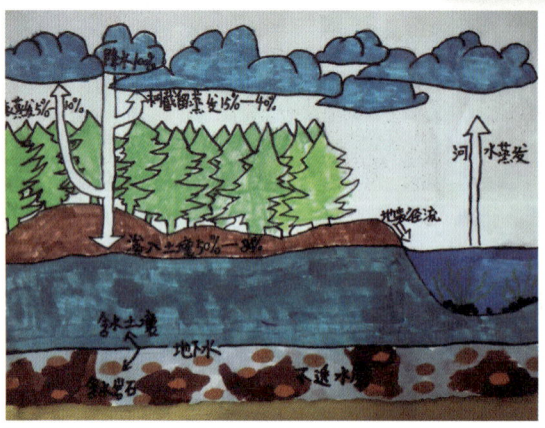

学生作品四

★ 活动资料

中华人民共和国成立初期，河北省塞罕坝由于过度的开发和自然灾害的影响，退化成了沙漠，呈现出"飞鸟无栖树，黄沙遮天日"的荒凉景象。

1962年，塞罕坝开始进行植树造林，用两代人的青春和汗水，营造起万顷林海。现在的塞罕坝气候优良，生态环境转好明显，无霜期从原本的52天增加到了64天，年均降水量从410mm升高到460mm，是植物蒸腾作用改变局部气候的典型案例。

塞罕坝的过去

塞罕坝的现状

案例 4

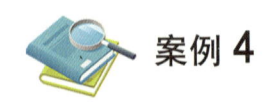

植物的根系与水土保持

活动意图

本活动是义务教育教科书《生物学》（北师大版）七年级上册第 6 章第 2 节《营养器官的生长》、第 7 章第 3 节《我国的绿色生态工程》的一个拓展。《义务教育生物学课程标准（2011 年版）》要求帮助学生形成重要概念：绿色植物能保持水土。本活动旨在帮助学生认识植物根系的类型及作用，分析我国出现水土流失的原因，引导其形成保护植物、保护环境的意识，从而理解我国建设绿色生态工程、制定退耕还林还草政策的意义，培养学生的社会责任感。

★ **活动年级**

七年级

★ **活动目的**

1. 观察不同植物的根系特征，能辨别植物的直根系和须根系。

2. 描述水土流失演示实验现象，分析水土流失的原因，阐述草地、森林对于防止水土流失的重要作用。

3. 通过资料分析、小组讨论辨析，认识我国的绿色生态工程建设、退耕还林还草等政策的意义，树立正确的环保观念。

★ **活动准备**

1. 棕竹标本、学生培养的小麦、蚕豆和玉米的根、学校种植园里的植物；

2. 草皮、泥沙、水槽、清水、烧杯；

3. 引导学生到互联网上收集相关的资料；

4. "塞罕坝的前世今生"资料、"三北防护林"资料、"退耕还林还草"资料。

★ 活动步骤

1. **课前布置任务**

（1）分发小麦、蚕豆和玉米的种子，让学生进行无土栽培，观察培养出来的根。

（2）利用周末的时间查阅资料，了解根系的类型以及作用，了解水土流失的危害，并将了解到的知识制作成PPT。

2. **认识植物的根系**

教师展示棕竹标本以及学生培养的小麦、蚕豆和玉米的根系，引导学生观察认识直根系和须根系，随后去学校的种植园挖土、锄草，辨别挖出的杂草属于何种根系。

蚕豆根系 　　小麦根系 　　棕竹根系

3. **理解根系发达的植物能保持水土，防治水土流失**

（1）开展小课堂，小组讨论、分析，得出造成水土流失的原因是毁林毁草开荒、陡坡种粮、超载放牧、开发建设不注意等。

（2）提供草皮、泥沙、水槽、清水、烧杯等材料器具，请学生小组合作设计水土流失的探究实验。可以先让教师现场演示，并借此说一说森林、草原是如何保持水土、防风固沙的。

草皮保持水土演示 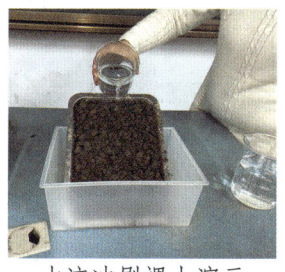　　水流冲刷裸土演示 　　两种演示对比结果

4. 了解我国绿色生态工程建设情况，解读我国退耕还林还草政策

（1）以三北防护林体系建设工程为例，向同学们介绍我国绿色生态工程建设情况。

（2）了解我国退耕还林还草政策的核心、基本措施和成效。

（3）尝试运用所学知识解决实际生活中的问题。

案例：某村村民集资数万元，在山坡上开垦了几百亩地，在国家推行退耕还林还草时，村民们进行了抗议，他们认为退耕还林还草后，收入会大大减少。

请你以生态学家的身份说服他们响应国家号召。

★ **活动成果**

部分学生开展小课堂情况展示：

学生展示交流场景一

学生展示交流场景二

学生展示交流场景三

★ 活动资料

三北防护林体系建设工程

三北防护林体系建设工程（简称三北工程）是指在中国三北地区（西北、华北和东北西部）建设的大型人工林业生态工程。中国政府为改善生态环境，于1978年决定把这项工程列为国家经济建设的重要项目。

三北工程的项目范围东起黑龙江宾县，西至新疆的乌孜别里山口，北抵北部边境，南沿天津、汾河、渭河、洮河下游、布尔汗布达山、喀喇昆仑山，包括新疆、青海、甘肃、宁夏、内蒙古、陕西、山西、河北、辽宁、吉林、黑龙江、北京、天津等13个省（自治区、直辖市）的559个县（旗、市、区），总面积406.9万平方千米，占中国陆地总面积的42.4%。三北工程规划从1978年到2050年，历时73年，分三个阶段、八期工程进行建设，规划造林35.083万平方千米。到2050年，工程建设区的森林覆盖率将由1977年的5.05%提高到14.95%。

退耕还林还草政策

退耕还林还草是指从保护和改善西部生态环境出发，将易造成水土流失的坡耕地和易造成土地沙化的耕地，有计划、分步骤地停止耕种；本着宜乔则乔、宜灌则灌、宜草则草，乔灌草结合的原则，因地制宜地造林种草，恢复林草植被。

退耕还林还草的基本措施是：退耕还林，封山绿化，以粮代赈，个体承包。

退耕还林还草工程成为中国乃至世界上投资最大、政策性最强、涉及面最广、群众参与程度最高的一项重大生态工程。为我国在世界生态建设史上写下绚烂的一笔。

中国退耕还林还草工程主要成效

案例 5

崛起的"绿色长城"

活动意图

植物在生态系统中扮演着重要角色,为人类提供了很多可利用的资源。不合理的开发利用和乱砍乱伐等活动,使我国的植物资源面临着许多问题。为了保护植物资源,走可持续发展的道路,我国政府相继颁布了一系列法律、法规,并先后确立实施了以保护和改善自然生态环境、实现资源可持续利用为主要目标的多项大型生态工程。本活动旨在通过帮助学生学习三北防护林体系建设工程(简称三北工程)实施的背景、进展和远景,激发其积极参与植树造林、保护好每一片绿叶的环保热情。

★**活动年级**

七年级

★**活动目的**

1. 通过课前小组合作收集、整理三北工程实施前工程区的环境状况,分析造成环境恶化的原因,概述为什么要实施三北工程,培养学生收集和辩证分析资料的能力。

2. 通过比较三北工程实施前后森林覆盖率、土地生产力、年风沙日等数据的变化,归纳说明三北工程的作用,提高学生的数据分析处理能力。

3. 通过阅读资料"我国的十大绿色生态工程",了解三北工程发展进程以及取得的荣誉,提高学生的民族自豪感和社会责任感。

★**活动准备**

课前学生以小组为单位,收集、整理三北工程实施前后工程区内环境状况的资料和图片。

★ 活动步骤

1. **讨论为什么要建设三北工程**

（1）分小组讨论"三北"地区环境恶化的原因以及带来的不良影响。

（2）全班交流讨论环境恶化后如何治理。

（3）概述三北工程实施的必要性和重要性。

2. **分析三北工程的作用，了解其进展和成果**

（1）阅读三北工程相关资料（见活动资料），了解三北工程的背景、进展和成果，以及其在国际社会的地位。

（2）欣赏图片，比较三北工程实施40多年来工程区内环境的变化。

三北工程沧桑巨变

（3）分析比较三北工程实施前后，森林覆盖率、土地生产力、年风沙日等数据的变化。

（4）总结：三北工程是一道抵御风沙、保持水土、护农促牧的"绿色长城"，是增加农民群众收入的致富工程，为生态文明建设树立了成功典范。

3. **根据本课题的学习成果，制作相关宣传海报。**

★ 活动成果

学生作品一

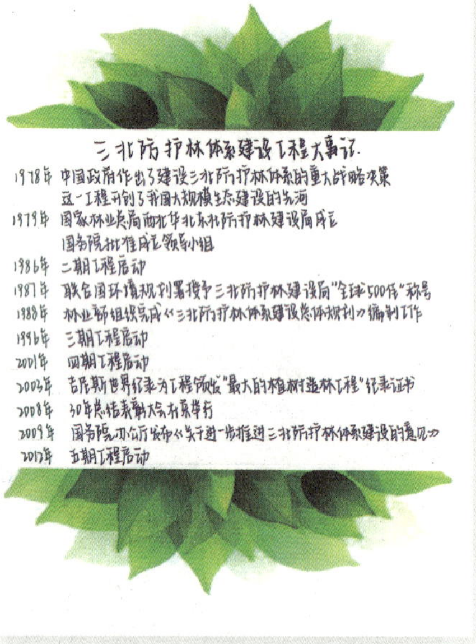

学生作品二

★ 活动资料

三北工程的实施背景

西北、华北和东北西部地区，是中华民族的重要发祥地，由于人口剧增、资源掠夺式开发、战争绵延以及气候变迁等因素的影响，绿色渐渐远离这片古老的土地，森林消失，草原退缩，肆虐的风沙吞噬了丰饶的土地。1978 年，三北工程揭开了我国大规模生态建设的序幕。

新疆那拉提草原 张和平摄

三北工程的实施进展和成果

截至 2018 年底，1978 年开始实施的三北工程 40 多年来累计完成造林保存面积 30.143 万平方千米，工程区森林覆盖率由 1977 年的 5.05% 提高到 13.57%，活立木蓄积量由 7.2 亿立方米提高到 33.3 亿立方米，工程改变了中国版图的基色。

（一）遏制了风沙蔓延态势，维护了国土生态安全。工程区年均沙尘暴日数从 6.8 天下降到 2.4 天。

（二）控制了水土流失灾害，增强了蓄水保土能力。重点治理的黄土高原林草植被覆盖度达到 59.06%，年入黄河泥沙减少 4 亿吨左右。

黑龙江三江平原林网保护农田

（三）构筑了农业生态屏障，保护了粮食生产安全。

（四）培育了生态扶贫产业，促进了农村经济社会发展。

（五）提升了区域生态系统服务功能，推动了经济社会和自然环境的可持续发展。

三北工程所获荣誉

三北工程效果远远超过美国的"罗斯福大草原工程"、前苏联时期的"斯大林改造大自然计划"和北非五国的"绿色坝工程"，被誉为世界生态工程之最。三北工程在国际社会享有"世界生态工程之最"的美誉，先后获得了"全球 500 佳"奖章、"世界上最大的植树造林工程"吉尼斯证书等荣誉，三北工程已成为我国在国际生态建设领域的重要标志和窗口。

第十篇
在音乐中感受自然的美

音乐是自然界的产物，是探究与创造声音组织形式的一门艺术，是寻求自然界中天地人和谐的声音环境的重要途径。音乐对环境的影响，不仅体现在美化声音上，更体现在对人们的精神方面的影响上。与其他学科不同，音乐更注意精神层面的作用，注重从审美角度培养人对美的情感，帮助人们建立美的概念，从而使人留恋追求美的自然环境，美的生态环境。

《义务教育音乐课程标准（2011年版）》规定音乐课程标准的基本理念是以审美为核心，促进学科的综合。音乐是一门实践性很强的学科，它以活动课的形式开展教学，学生的参与是教学中必不可少的环节。当代中学生在环境保护事业中扮演着生力军的角色，因此在音乐课堂教学中渗透环保教育是非常必要的。案例1以义务教育教科书《音乐》（苏少版）八年级下册非洲曲目《咿呀呀欧雷欧》的学习和欣赏为主要内容，本曲是一首非洲扎伊尔的民歌，作品结构短小、易于演唱，富有非洲音乐粗狂野性之美，表达了扎伊尔人对祖国的热爱和对领袖的赞扬。案例2来自义务教育教科书（人教版）七年级下册欣赏曲目《百鸟朝凤》，通过对乐曲的欣赏让学生了解音乐文化与生态环境的联系，倡导学生爱鸟护鸟，共同维护生态平衡。

附表：中学音乐教材与生态文明教育相关的曲目

册次	生态文明相关曲目
七年级上册	《牧歌》《伏尔加船夫曲》《美丽的草原我的家》《彩色的中国》《多情的土地》
七年级下册	《百鸟朝凤》《桑塔·露琪亚》
八年级上册	《沃尔塔瓦河》《台湾风情画》《雪绒花》《我的祖国》
八年级下册	《大海啊故乡》《长江之歌》《咿呀呀欧雷鸥》
九年级上册	《保卫黄河》《瑶族舞曲》《新大陆交响曲》
九年级下册	《阿伊亚—非洲的灵感》《东北风》《乌苏里船歌》《过雪山草地》

第十篇 在音乐中感受自然的美

案例 1

非洲的呼唤

活动意图

当代中学生在环境保护事业中扮演着生力军的角色，因此在音乐课堂教学中渗透环保教育是必要的。本课例以义务教育教科书《音乐》(苏少版)八年级非洲曲目《咿呀呀欧雷欧》的欣赏和演唱为主要内容。该作品是一首非洲扎伊尔的民歌，歌曲结构短小、易于演唱，富有非洲音乐的粗犷野性之美，表达了扎伊尔人对祖国的热爱和对领袖的赞扬。八年级学生通过一年的音乐学习，音乐素养已经有了明显的提高，通过本课例的学习，希望在进一步增强学生音乐鉴赏能力的同时，也能让他们意识到保护环境的紧迫性和重要性。

★ **活动年级**

八年级

★ **活动目的**

1. 欣赏非洲音乐，感受、体验非洲鼓的独特魅力。
2. 能够利用废旧物品制作简易非洲鼓。
3. 关注非洲所面临的环境问题，提升学生保护生态环境的意识。

★ **活动准备**

1. 乐器：非洲鼓
2. 视频：各版本《咿呀呀欧雷欧》
3. 图片：非洲撒哈拉以南地区的自然风光、人文景观、音乐仪式等图片

★ **活动步骤**

1. 初识非洲音乐

用非洲鼓作伴奏，教师现场演唱非洲歌曲。

非洲鼓教学

思考：从非洲音乐中你感受到怎样的情绪？

2.非洲音乐简介

用课件呈现非洲音乐的介绍。

3.聆听、欣赏、体验音乐

（1）把握音乐的情绪、速度、节奏等音乐要素。

思考：非洲音乐有哪些节奏特点？

（2）了解非洲鼓相关知识，并利用废旧物品制作非洲鼓。

3.探讨非洲环境问题

非洲沙漠化是目前最大的生态问题，关注非洲所面临的环境问题，是构建人类命运共同体的重要内容。

非洲鼓教具

★ 活动成果

学生利用课余时间用废旧纸杯制作的非洲鼓。

环保非洲鼓

环保非洲鼓

★ 活动资料

1. 非洲及非洲音乐简介

非洲（英文：Africa），全称阿非利加洲，面积大约为 3 020 万平方千米，是世界第二大洲。非洲音乐（music of Africa）这一词汇，是一个囊括着多种音乐文化的集合概念，通常是指撒哈拉以南非洲本土的各种传统音乐。

2. 非洲音乐：扎伊尔民歌《咿呀呀欧雷欧》乐谱

咿呀呀欧雷欧

1=F 2/4
稍快
扎伊尔民歌

5 5 5 4 | 3 1. | 2 2 2 1 | 7 5. |
Yi ya ya o   lei   o, Yi ya ya o lei o,

0 5   4 | 3 4 2 3 | 1 1 1 2 | 1 7 1 |
  ye   na mei la bang do bo lo   lo bo na sei sei

(5   4 | 4 2 3 1 | 0 2 1 | 1 1 0)|

3 2 3 2 | 3 1. | 2 1 2 1 | 2 7 1 3 |
Be na chi nei   o   ye, Be na chi nei o ye ma

2   5. | 5 4 3 4 | 2 3 1 1 | 1 2 1 7 | 1 — |
na   ye   na mei la bang do bo bo   lo bo na sei sei

本曲是扎伊尔林加拉语的汉语拼音。

案例 2

唢呐名曲《百鸟朝凤》

活动意图

七年级学生已经具备一定的音乐欣赏能力，但对唢呐这一民族吹管乐器的接触甚少，本课例是义务教育教科书《音乐》(人教版)七年级下册欣赏曲目《百鸟朝凤》。为提高学生对音乐的感受欣赏能力，本课例通过一系列行之有效、化繁为简的教学方法，带领同学们走进唢呐名曲《百鸟朝凤》的学习，通过对乐曲的欣赏让学生了解音乐文化与生态环境的联系，倡导学生爱鸟护鸟，共同维护生态平衡。

★ **活动年级**

七年级

★ **活动目的**

1. 欣赏唢呐名曲《百鸟朝凤》，感受民族乐器唢呐的演奏魅力。
2. 能用竖笛及柳叶来模仿鸟叫声。
3. 通过对乐曲的欣赏，了解生态环境对音乐及相关文化的影响。

★ **活动准备**

笛子、柳叶、音频、鸟类图片

★ **活动步骤**

1. 听辨、认识

（1）听辨大自然中的鸟叫声和模仿鸟叫的唢呐声；
（2）先了解学生对唢呐的初始印象，之后再对唢呐进行介绍；
（3）教师演奏唢呐，拉近学生与民族乐器唢呐的距离；
（4）介绍《百鸟朝凤》，让学生了解这一民间故事。

2. 欣赏初体验

引子欣赏：

（1）听辨乐曲中呈现的自然界的声音。

（2）乐曲表现了怎样的景象？

第二乐段欣赏：

（1）该段音乐的旋律有怎样的特点？区分唢呐与竹笛的音色。

（2）教授学生用竖笛吹奏主题旋律。

第三乐段欣赏：

画旋律线，引导学生感知旋律线条。

第五乐段欣赏：

（1）听辨旋律最开始模仿了哪种鸟叫？

（2）感受主奏乐器唢呐惟妙惟肖的模拟能力，描绘出了百鸟争鸣的热闹场面。

3. 拓展

用自然乐器——柳叶吹奏、模仿鸟叫声。

分小组创编百鸟争鸣，用笛子和柳叶模仿鸟叫声。

4. 展示与交流

（1）分组进行展示，学生之间互评。

（2）艺术来源于生活，引导学生思考音乐文化与生态环境的联系，树立敬畏自然、保护生命、共同维护生态平衡的意识。

★ **活动成果**

竖笛演奏

一片柳叶寄深情一

柳叶

一片柳叶寄深情二

★ **活动资料**

1. 《百鸟朝凤图》

《百鸟朝凤图》文化内涵十分丰富,泛喻君主圣明,河清海晏,天下归附,亦可用来表达人们对太平盛世的无限期盼。气氛热烈、仪态纷陈的《百鸟朝凤图》,实际上就是中华民族向往和平与祈福的传统心态写照。

百鸟朝凤图

布谷鸟　　画眉

黄雀　　柳莺　　麻雀

2. 唢呐名曲——《百鸟朝凤》

唢呐,民族吹管乐器,据传唢呐原来是古代波斯和阿拉伯一带的民间乐器,经丝绸之路传入中国,在中国流传很广。唢呐的音色高亢明亮,适宜于表现热烈、欢快的情绪。在众多唢呐曲中,《百鸟朝凤》最具代表性。乐曲中仿佛听到布谷鸟、黄雀、画眉、柳莺、麻雀等鸟儿的叫声,莺歌燕舞,鸟语花香,一派生机

唢呐

勃勃的大自然景象。乐曲以热情欢快的旋律唤起人们对大自然的热爱，对劳动生活的回忆。百鸟朝凤，是人类和谐共生生态文明进步的体现，鸟类是人类的朋友，保护鸟类是每个公民义务，呼吁大家从我做起从现在做起，以实际行动珍爱鸟类，不要让那清脆的鸟鸣声成为记忆，成为一个梦！

3.《百鸟朝凤》乐谱

第十一篇
体育锻炼中的环境保护意识

《义务教育体育与健康课程标准（2011年版）》规定体育与健康课程标准的基本理念是：1.坚持"健康第一"的指导思想，促进学生健康成长；2.激发学生运动兴趣，培养学生体育锻炼的意识和习惯；3.以学生发展为中心，帮助学生学会体育与健康学习；4.关注区域差异和个体差异，保证每一位学生受益。因此在体育与健康课堂教学中渗透环保教育是非常必要的。案例1以义务教育教科书《体育与健康》（人教版）七年级接力跑为主要内容，以利用废旧纸制作接力棒为主要线索，引导学生理解保护环境的重要意义。案例2以义务教育教科书《体育与健康》（人教版）七年级耐久跑为主要内容，结合耐力跑知识让学生在跑的过程中学会垃圾分类，培养学生在平时生活中保护环境的习惯，形成人人有责的环保意识。

附表：义务教育教科书《体育与健康》（人教版）七～九年级中生态文明相关内容梳理

教材章节		生态文明相关内容
七年级	1. 体育与健康理论知识 2. 田径	1.2 每天坚持一小时体育锻炼 1.3 合理膳食 促进健康 4.3 跑——接力跑、耐久跑 4.4 跳跃——自制跳跃器材 4.5 投掷——自制投掷器材
八年级	4. 田径 13. 竹竿舞 14. 踢花毽	4.3 跑——越野跑、变速跑 4.4 跳跃——跨越式跳高 4.5 投掷——实心球（自制） • 器材的制作 • 器材的制作
九年级	3. 体育与健康基础知识 4. 田径 10. 武术	3.3 整齐安全意识 提高避嫌能力 4.3 跑——跨栏跑（栏架的制作） 4.4 跳跃——背越式跳高（皮筋自制跳跃器材） 4.5 投掷——自制投掷器材 10.3 健身短棍（自制棍）

案例 1

废物再利用，环保进课堂

活动意图

本课根据七~九年级学生身心发展特点，以选用废纸、自制教具为教学工具，通过游戏教学，让学生在愉快、轻松、和谐的教学气氛中学习、体验。本节课首先利用废纸做两个小游戏：抢位子和你抛我捡，让学生体验丢废纸容易捡废纸难，从而让学生体会到保护环境的重要性，培养他们爱护环境卫生的意识。然后利用自制接力棒组织接力比赛，采用把废纸放在胸前的同时快速向前跑的方式。学生非常好奇，都有跃跃欲试的冲动，练习的积极性非常的高，无形中提高了学生参与体育活动的兴趣，同时也增强了学生的环保意识。

★ **活动年级**

七年级

★ **活动目的**

1. 学生养成环保意识，珍惜他人劳动成果。
2. 自制体育器材，培养学生快速跑的能力、素质及准确判断的能力。
3. 保护环境，对废旧物进行回收利用。
4. 学会接力跑交接棒的方法。

★ **活动准备**

旧报纸、废旧打印纸、彩色胶带、剪刀

★ **活动步骤**

1. 观察图片，讨论问题

| 废旧轮胎改造 |  自制接力棒 |  玻璃瓶风铃 |

（1）这些图片上的物体有什么共同特点。

（2）在体育课堂中，我们怎样进行废物再利用，如何增加环保意识。

（3）哪张图片上的物体能运用到接力跑比赛中？

2.游戏热身（根据本班学生情况分成两组）

（1）抢位子：两组学生分别跑成两个圆圈，在圈内各摆放十张废纸作为目标位置，学生听口令统一去抢站一个位子，没抢到的同学原地跳五次。

（2）你抛我捡：两组学生面对面站在各自场地内（各摆放二十张废纸），听口令开始将自己场地内的废纸抛到对方场地，可循环捡、抛，一场游戏限时2分钟。

教师：大家游戏时都非常的激烈，如果这不是一个游戏你能想到什么？

学生：学校的垃圾将没有人会主动的捡起来；丢垃圾容易捡垃圾难啊！

3.介绍并示范迎面接力跑交接棒（立棒式）的动作方法

学生思考：（1）接力棒可以用什么代替？

（2）快速跑运动怎样利用废打印纸？

4.小组带着问题自制运动器材并探讨实施体验

（1）各小组利用废报纸和胶带制作接力棒，利用10米距离做迎面接力跑。

（2）小组比赛，体验在胸前放一张纸进行快速跑接力赛带来的乐趣。

5.总结练习，思考问题

（1）这些废旧物对校园环境造成了哪些危害？（造成环境污染。）

（2）目前校园里存在的环境问题有哪些？（校园有乱丢垃圾的情况。）

（3）我们应该怎么做？（爱护环境卫生，珍惜他人劳动成果。）

6.稳定情绪、放松身心

教师：时间过的真快，我们一起跟随音乐放松身心吧。

教师引导学生在轻松的音乐和轻松愉快的情绪中结束本节课，使学生的身心得到全面放松。

★ 活动成果

接力跑比赛现场一

接力跑比赛现场二

★ 活动资料

废旧物品再利用的小妙招

每个人家里都会或多或少有一些已经用不到的物品，而大部分人都是直接把这些东西扔掉。但只要经过稍微改造，这些原本被废弃的东西就能被充分利用，发挥出令人意想不到的用处。

饮料瓶再利用

1. 家里废弃的旧电脑主机箱，当作废品卖不值钱，用来野外烧烤却很不错。
2. 家里装修完多余的水管，可以用来种菜浇水用，也可以用它做成椅子等物品。
3. 新车更换下来的旧轮胎留着给小朋友们当玩具玩。
4. 平常家里喝完的酒瓶盖，将其用钉子钉在木棍上面，可以用来刮鱼鳞用。
5. 家里喝完的饮料瓶，用剪刀剪出圆圆的小口，可以挂在墙上盛东西用。
6. 破掉一点点的花盆，稍微改造一下就是微型花园。
7. 废旧的灯泡，绕上几根麻绳，插上几朵小花，挂在书桌旁或是窗前，清新又有趣。
8. 旧电风扇的框架，可以改造成晾衣服的架子。

案例 2

体育健康的环保达人

活动意图

教师作为促进者,其角色行为表现为:帮助学生确定适当的学习目标,并寻找达到目标的最佳途径;指导学生形成良好的锻炼习惯、掌握学习策略和发展学习体育的能力。本次采用主题情景创设教学的方式,模拟一次"环保小卫士"在行动的活动,通过活动来增强学习的趣味性,充分调动学生的学习积极性。

★ **活动年级**

八年级

★ **活动目的**

1. 通过运用情景教学法组织多种游戏,激发学生的学习热情和对体育课的兴趣。
2. 发展学生观察判断和奔跑的能力,使学生熟练掌握快速跑的技术。
3. 培养学生的创新意识和爱护环境卫生的环保意识。
4. 学会越野跑中所需要的阅读地图和使用指北针的技能。

★ **活动准备**

废旧报纸、贴有垃圾分类标签的垃圾桶

★ **活动步骤**

1. **情景的导入**

打破常规体育课的惯例，观看一组图片引入本课，让学生以"环保小卫士"的身份出现在课堂中，为情景的展开作好铺垫。

2.情景的展开

（1）在老师的引导下，"环保小卫士"出发，进行校园活动（如螺旋跑、自然跑等）。

（2）"环保小卫士"做早操热身。

3.情景的延伸

游戏：运送垃圾。

（1）捡垃圾（游戏）

每位成员必须把垃圾分别放进本组对应的垃圾站里（提前划定的圆圈）。

规则：每位成员出发后，必须在途中捡拾一个垃圾送到垃圾站，然后原路返回与本小组的第二位完成击掌，之后第二位成员出发。所有垃圾捡拾完成并且都成功投放到垃圾站后，使用时间最少的队伍为胜利者。

（2）垃圾分类（游戏）

每组对面放有一大堆垃圾，每组分次取回垃圾，分类放在不同的垃圾桶内（分可回收物、厨余垃圾、有害垃圾、其他垃圾四个垃圾桶）。

四分类垃圾桶

规则：①每人每次只能从垃圾堆中取回一个垃圾；②取回的垃圾必须分类放在相应的垃圾桶内；③所有垃圾取回分类后，时间使用最少的队为胜。

4.情景的结束

教师总结本次"环保小卫士"行动的圆满成功，对同学们热爱家园，保护环境的表现给予肯定。老师带领同学们在音乐中进行放松。

★ 活动成果

1. 学生在学会越野跑知识的同时学会了垃圾分类。
2. 学生学会了使用指北针，学会了看地图。

捡垃圾（游戏） 　　　　学生看指北针

学生识图 　　　　螺旋跑

★ 活动资料

垃圾分类知识

目前，在我国生活垃圾一般可分为四大类：可回收物、厨余垃圾、有害垃圾和其他垃圾。

1. 可回收物

可回收物（再生资源）是指回收后经过再加工可以成为生产原料或者经过整理可以再利用的物品。主要包括以下几种类别。

废纸类：报纸、纸箱板、图书、杂志、各种本册、其它干净纸张、各类硬纸包装牛奶袋、饮料盒（需冲洗晾干）等。

塑料类：各种塑料饮料瓶、塑料油桶、塑料盆（盒）等。

玻璃类：玻璃瓶、平板玻璃、镜子等。

金属类：铝质易拉罐，各类金属厨具、餐具、用具和其它民用金属制品等。

电子废弃物类：各类家用电器产品。

织物类：桌布、衣服、书包等。

2. 厨余垃圾

狭义的厨余垃圾是有机垃圾的一种，分为熟厨余包括剩菜、剩饭等；生厨余垃圾包括果皮、蛋壳、茶渣等，泛指家庭生活饮食中所需用的来源生料及成品（熟食）或残留物。但广义的厨余垃圾还包括用过的筷子，食品的包装材料等。

3. 有害垃圾

有害垃圾是指对人体健康有害的重金属、有毒的物质或者对环境造成现实危害或者潜在危害的废弃物。

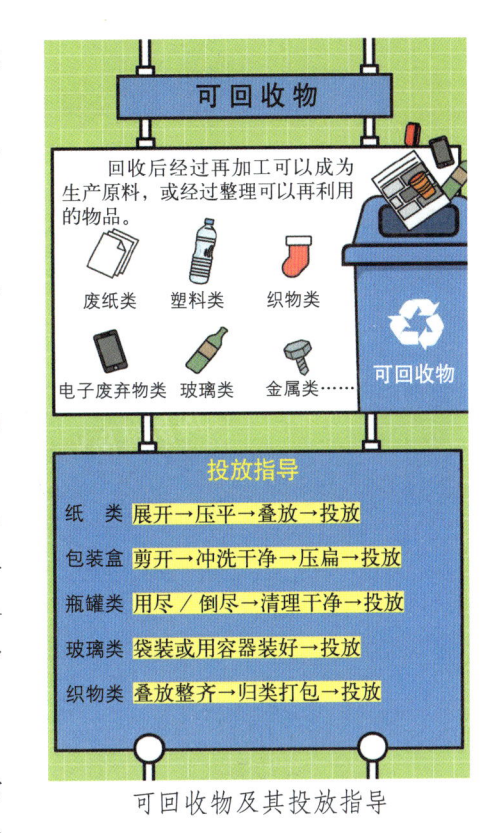

主要包括：废药品、废杀虫剂、废消毒剂、废油漆、废溶剂、废矿物油、废化妆品、废胶片、废相纸、废荧光灯管、废温度计、废血压计、废充电电池、废扣子电池、碱性电池、锂电池、镍镉电池等。

4. 其他垃圾

包括除上述几类垃圾之外难以回收的废弃物，通常根据垃圾特性采取焚烧或者填埋的方式处理。

主要包括：使用过的卫生纸、传真纸、照片、离型纸、蜡纸、转印纸、塑料光面废纸、卫生巾、婴儿纸尿布、餐巾纸、烟蒂、陶瓷制品、衣服、鞋类、石棉瓦、白板、木质玩具、雨鞋、木质家具、橡胶制品、轮胎等。

可回收物及其投放指导

第十二篇
美术课程中的生态文明画卷

一、中学美术课程标准与环境保护

环境是人类赖以生存和发展的基础，是人类艺术创作之源。随着生产的发展，我国环境污染问题日益严重，环境保护势在必行，加强生态文明教育迫在眉睫。在美术课堂上对学生进行环境教育，把环境意识渗透在教学之中，让学生在学习的过程中接受环境道德意识的培养，有着积极重大的现实意义。《义务教育美术课程标准（2011年版）》明确指出了美术课程的总目标：学生以个人或集体合作的方式参与各种美术活动，激发创意，了解基本美术语言及其表达方式和方法；运用各种工具、媒材进行创作，表达情感与思想，改善环境与生活；学习美术欣赏和评述的方法，提高审美能力，了解美术对文化和生活发展的独特作用。学生在美术学习过程中，丰富视觉、触觉和审美经验，体验美术活动的乐趣，获得对美术学习的持久兴趣；形成基本的美术素养。

二、中学美术教材与环境保护

义务教育教科书《美术》（人美版）七～九年级有很多地方设计了环境保护的相关内容。在美术教育中开展生态文明教育有很多途径，如通过艺术欣赏与关注现实，增强学生的环保意识；开展手工制作和第二课堂相关主题活动，在实践中进行环保教育；在校本教材中渗透生态文明观念等。本书案例围绕当下环境保护热点问题，倡导从小事做起保护环境，以文明公民的主人翁角色主动投入到环保宣传活动中去，以"绿水青山"为活动目标，开展保卫绿色大行动。案例采用图文结合的方式激发学生的创意，具体案例的分析要求帮助学生学会表达方法，具体的环保宣传活动促使更多人认识和参与到环境保护中来。

三、中学美术课堂与环境保护教育

中学美术课中与环境相关的题材是相当丰富的，在美术课堂上对学生进行环境教育，把环境意识渗透在教学之中，让学生在学习的过程中接受环保意识的培养，不仅是美术教学的应尽之义，更是应尽之责。从长远意义上来看，环境保护教育对青少年的健康成长有着重要的现实意义。如义务教育教科书《美术》（人美版）七年级《敦煌莫高窟》一课中就有涉及到环境及生态文明保护的相关内容。敦煌石窟已经过了千百年漫长岁月，由于受到了自然营力和人类活动的长期作用，石窟崖体、壁画和彩塑遭到了不同程度的破坏。

课堂中通过对莫高窟现状的剖析，对重要的美术遗存的赏析，以及对莫高窟保护问题的探讨展开一系列的研究及学习。在美术教育中，通过对具体、鲜明课程的一一呈现，让青少年一代懂得如何去保护和传承重要的美术遗存，并为其创造一个最佳的生态环境，使相关的艺术文明能够永远传承。

附表：义务教育教科书《美术》（人美版）七～九年级中与环境保护相关的课程

教材章节		生态文明相关内容
七年级	• 前言 • 七年级上册第 5 课 • 七年级上册第 6 课 • 七年级上册第 7 课 • 七年级上册第 10 课 • 七年级下册第 10 课 • 七年级下册第 12 课 • 七年级下册第 13 课	《敦煌莫高窟》 《发现与创造》 《大自然的色彩》 《色彩与生活》 《宣传品的设计》 《策划一次出游活动》 《文化衫的设计制作》 《用相机记录我的旅行》
八年级	• 八年级上册第 4 课 • 八年级下册第 8 课 • 八年级下册第 10 课 • 八年级下册第 12 课 • 八年级下册第 14 课	《用色彩表达情感》 《色彩风景画》 《关注身边的美术遗存》 《美术遗存的保护与传承》 《如何欣赏建筑艺术》
九年级	• 九年级下册第 3 课 • 九年级下册第 4 课 • 九年级下册第 9 课	《设计与生活》 《环境雕塑设计》 《环保招贴设计》

案例 1

环境保护，我们在行动
——招贴画的设计

活动意图

本课以"环保"作为招贴设计的主题，旨在引导学生关注生活环境和生态，了解身边日益严重的环境问题，认识水污染、大气污染、噪声污染、放射性污染等环境问题给人类带来的危害，激发他们"亲近自然、融入社会、关爱生命的情感态度与行为习惯"，树立节约水资源、保护珍稀动植物、禁止乱砍滥伐林木、保护地球的环保意识。同时，引导学生了解招贴这一能引起大众注意的广告形式，学习招贴的设计方法，鼓励学生用醒目的图文和色彩，传达出鲜明的主题，表明自己的态度，用自己设计的招贴唤起更多的人关注环境保护，为环保出力。

以设计环保招贴为内容，通过环保招贴设计主题的选择与表达，加深对"环保"这一主题的认识和理解，认识到环境保护的重要性，从而更加关注环保，增强社会责任感。

★活动年级

九年级

★活动目的

1. 了解和感受地球生态环境日益恶化的现象，理解世界地球日的起源和目的。

2. 学会收集、分析环境情况等资料的方法，掌握环保宣传画的创作方法，利用画面表达希望和建议的方法。

3. 感受地球生态环境日益恶化的现象，增强学生对大自然和人类社会的热爱之情和社会责任感，激发学生的环境保护意识。

★ 活动准备

教师：
1. 关于环境保护的视频资料；
2. 有关各地区的环境问题，如空气污染、水污染等问题的图片。

学生：
1. 铅笔、橡皮、勾线笔、马克笔、素描纸等美术工具；
3. 课前收集的有关生态环境方面的创作形象资料。

★ 活动步骤

1. 视频导入

教师播放环境污染的相关视频，并请同学们大胆发表自己感受。

2. 明确环保招贴的概念

招贴是一种最古老的宣传形式。"招"即吸引注意，"贴"即张贴。所以，招贴就是为了吸引大众的注意而张贴的广告。而环保招贴是旨在唤起人们关注环境保护的主题性招贴。

3. 了解、欣赏和分析招贴

（1）招贴设计手法

了解、欣赏招贴的象征、隐喻、对比等对感知的知识进行一步归纳与升华的设计手法，理解环保宣传的含义。

（2）招贴的构成要素

通过图片分析招贴海报的构成要素，如有色彩、图形、文字等。

4. 总结创意方法

以上招贴都运用了同构创意，所谓同构创意，指的是两个或两个以上的图形组合在一起，共同构成一个新图形，形成强烈的视觉冲击力，给予观者丰富的心理感受。

设计理念：旧元素，新组合。

5. 保护水资源招贴的创意过程

（1）请同学们分组讨论关于水的关键词，用图形或文字的形式表现；
（2）简化关键形；
（3）同形同构；
（4）分析图文排版，设计呈现。

★ **活动成果**

学生利用课堂手绘的招贴海报。

守护蓝天

一个萝卜一个坑，别让垃圾跳错坑

勤俭节约

积少成多

第十二篇 美术课程中的生态文明画卷

231

★ **活动资料**

通过有关水的思维导图呈现水的概念、形态，水对人类的重要性，水污染的产生以及水污染造成的危害等内容。

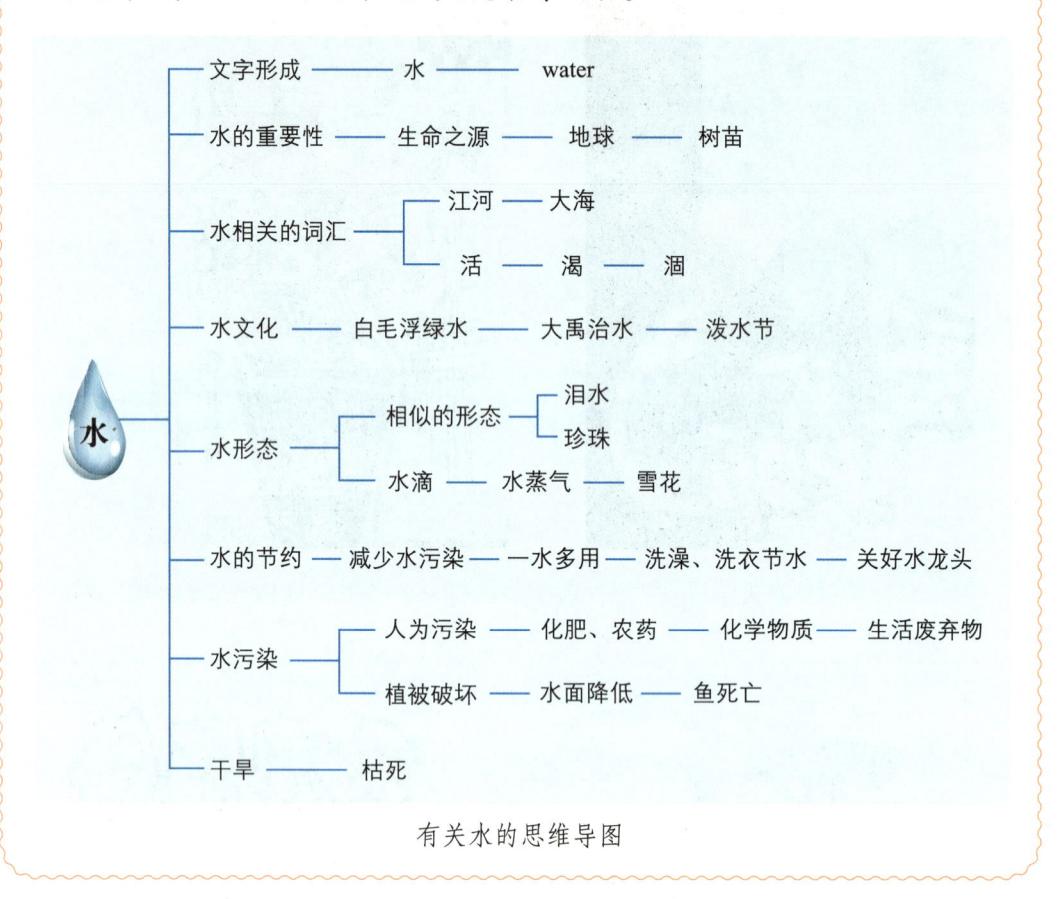

```
           ├─ 文字形成 ──── 水 ──── water
           ├─ 水的重要性 ── 生命之源 ── 地球 ── 树苗
           │                ┌─ 江河 ── 大海
           ├─ 水相关的词汇 ─┤
           │                └─ 活 ── 渴 ── 涸
           ├─ 水文化 ── 白毛浮绿水 ── 大禹治水 ── 泼水节
   水 ─────┤                ┌─ 相似的形态 ┬─ 泪水
           ├─ 水形态 ──────┤              └─ 珍珠
           │                └─ 水滴 ── 水蒸气 ── 雪花
           ├─ 水的节约 ── 减少水污染 ── 一水多用 ── 洗澡、洗衣节水 ── 关好水龙头
           │            ┌─ 人为污染 ── 化肥、农药 ── 化学物质 ── 生活废弃物
           ├─ 水污染 ──┤
           │            └─ 植被破坏 ── 水面降低 ── 鱼死亡
           └─ 干旱 ── 枯死
```

有关水的思维导图

案例 2

大自然的色彩

活动意图

本课是九年义务教育初中阶段美术课程色彩知识起始课，属于《义务教育美术课程标准（2011年版）》分目标中"造型·表现"学习领域，旨在利用大自然丰富而美丽的色彩现象，引导学生对色彩发生兴趣，产生了解色彩、研究色彩，学习用色彩去表现自己想要表现的事物的愿望。依照课程标准要求，着重启发学生从身边的自然界开始对色彩进行初步了解和认知，认识光线与色彩的关系、色调的形成，促进学生对美好事物的感受力，帮助学生提高审美情趣。从中观察大自然随着现代化的进程而出现的种种变化，从而树立保护自然的意识和正确的生态平衡观念。

★ **活动年级**

　　七年级

★ **活动目的**

　　1. 通过欣赏大自然美景图片和实际操作实验简单了解光和色的关系，感知色调。
　　2. 关注环境污染问题，增进学生环保意识。
　　3. 能够利用生活废弃物尝试进行艺术创作。

★ **活动准备**

　　1. 美术工具：素描纸、马克笔、水彩、毛笔等。
　　2. 教具：电筒、三棱镜。
　　3. 视频：纪录片《这色彩，很中国！》。
　　4. 图片及其他文字资料：关于中国美景、环境污染的图片。

自然美景一 　　　　　　自然美景二 　　　　　　环境污染

★ 活动步骤

1. 做个小实验

引导学生操作小实验《光与色彩》，了解三棱镜反射光的现象，认识光和色彩，思考光和色彩是怎么产生的。

2. 看视频

观看视频《这颜色，很中国！》，了解大自然色彩。

3. 欣赏图片

观察下面三张分别代表冷色调、暖色调和中性色调的图片，认识大自然中的色调，感知大自然的色彩。分组对生活中的色彩进行构思，并尝试创作。

冷色调 　　　　　　暖色调 　　　　　　中性色调

4. 校园写生

通过学习色彩相关知识，体会大自然的色彩在艺术作品应用的重要性。通过校园写生，加强学生对大自然的了解，引导学生观察、归纳色彩表达的手法，大胆想象，充分表达自己眼中的大自然，完成自己的色彩作品。

校园写生活动

5. 废物再利用

通过了解到的废物利用知识，利用废旧塑料瓶尝试制作相关衍生艺术品。

★ **活动成果**

1. 学生的色彩作品。

学生作品一

学生作品二

学生作品三

2. 对收集到的可回收废弃物的艺术创作。

艺术衍生品创作

★ **活动资料**

一、废弃塑料垃圾造成视觉污染

在城市、旅游区、水体和道路旁散落的废弃塑料垃圾会给人们的视觉带来不良刺激，影响城市、风景点的整体美感，破坏市容、景色，由此造成"视觉污染"。

二、废弃塑料垃圾的潜在危害

第一，抛弃在陆地或水体中的废旧塑料包装物，被动物当作食物吞入，导致动物死亡。在动物园、牧区和海洋中，此类情况已屡见不鲜。第二，混入生活垃圾中的废旧塑料包装物很难处理，填埋处理将会长期占用土地；混有塑料的生活垃圾不适用于堆肥处理；分拣出来的废塑料也因无法保证质量而很难回收利用。

目前，人们感受强烈的主要是"视觉污染"问题，而对于废旧塑料包装物长期的、深层次的"潜在危害"，大多数人还缺乏认识。具体来讲，主要包括以下几个方面：

1. 侵占土地。塑料类垃圾在自然界停留的时间很长，自然降解时间一般可达 200～400 年，有的可达 500 年。

2. 污染空气。塑料、纸屑和粉尘随风飞扬，会造成空气污染。

3. 污染水体。河、湖、海水面上漂着的塑料瓶和饭盒，水面上方树枝上挂着的塑料袋、面包纸等，都造成了环境污染，如果被动物误食则会伤及健康，甚至会因其在消化道中无法消化而造成死亡。

第十三篇
信息技术与生态文明

节能减排

建设生态文明是维护全球生态安全、延续人类文明的必然选择。在新形势下的新生态教育过程中，培养学生的生态环境文明意识，必须善于从日常生活中找寻丰富的教育资源，在实践中进行教育。

信息技术作为一门实践操作性的学科，可以直观地借助于计算机这一学习媒介和工具，并通过一些多媒体软件等应用软件，将学生的所见、所闻、所想，大胆积极地运用于实践中。

学生将自己的构思通过画图工具以及一些绘图软件呈现出来，并在呈现过程中发挥自己的想象力，创造性地完成一些对于生态文明的设想和规划。而随着计算机和网络技术的高速发展，数字化终端已走进千家万户，新的概念和技能逐渐被认识及应用。如何结合生态文明的主题，在掌握技术的同时，通过数字故事的形式体现出更多和现实生活相连接的思考？解决方案又如何实施？"用数字故事讲述'绿水青山'"这一案例详细呈现了这个思考的过程。

本篇两个案例均体现了在义务教育阶段的信息技术课程教学中，可以将学科特点及知识技能和现实生活进行较好的结合，可以增强学生的生态文明意识以及激发学生保护环境、共造美好和谐家园的主人翁意识。

附表：义务教育教科书《信息技术》（川教版）七～八年级中生态文明内容梳理

		教材章节	生态文明相关内容
七年级下册	第一单元 信息的采集与整理	1.1 信息的来源与获取 1.2 网络信息的获取和使用	• 大熊猫生活习性、衍生文化 • 大熊猫文化的网页、图片、视频以及学术类的研究
	第二单元 我的多媒体研学报告	2.1 梳理内容 规划报告 2.2 合成初稿 图文并茂 2.4 汇报成果 展示评价	• 大熊猫繁育研究基地一日研学：大熊猫成长历程、生活习性、衍生文化等 • 在演示文稿中添加已收集的文字，图片以及素材资料 • 展示与评价过程中加强对于主题内容的普及及认识；分享与交流中提升环保意识，总结反思中审视自己的言行及在环保中应该做到的事情
八年级上册	第一单元 我的视频类数字故事	1.1 认识数字故事 1.2 制作视频类数字故事 1.4 视频的评价与发布	• 视频类数字故事的制作要求中故事主题的选择 • 制作数字故事过程：需求分析—规划设计—收集素材—作品集成—发布评价 • 视频作品的评价和发布过程中对于环保素材的展示及交流评价

案例 1

用数字故事讲述"绿水青山"

活动意图

围绕义务教育阶段信息技术教育的课程目标，培养和发展学生积极学习和探究信息技术的兴趣；养成和巩固良好的信息意识及健康负责的信息技术使用习惯；形成及提高信息处理能力；培养和强化学生使用信息技术支持各种学习和解决各类问题的意识和能力。学生在学习、探究、实践活动中，体验借助计算机和网络获取、处理、表达信息并用以解决实际问题，开展学科学习的过程。活动中可以理解、感知信息的重要性，分析信息编码以及体会利用计算机等常见信息处理工具处理信息的一般过程，引导学生积极参加信息技术活动，主动探究信息技术的工作原理和信息科技的奥秘。

本节课基于学科特点及学科整合的教学内容设计，结合信息技术与环境保护主题，践行生态文明意识理念，让学生在掌握获取和保存素材方法的过程中，了解生态文明建设的现状，进一步提升其环保意识。让学生认识到必须坚持从我做起，从小事做起，以自己的实际行动实践生态文明的基本要求。

本节课是义务教育教科书《信息技术》（川教版）八年级上册第一教学单元视频类数字故事的第二节，制作视频类数字故事的第一课时。主要遵从制作视频类数字故事的一般过程：选择主题—需求分析—规划设计—素材采集—作品集成—发布评价。本节课主要实现的是前三个部分的设计与实施，为后续素材采集、形成作品并发布做前期准备工作。

★**活动年级**

八年级

★**活动目的**

1. 学生在了解制作视频类数字故事的步骤的基础上，可以采用常用的素材采集工具，掌握获取和保存素材的方法，激发对数字故事的兴趣。

2. 在收集素材，形成数字故事的过程中，增强学生对于爱护家园、节约用水、低碳生活、垃圾分类等环保意识，践行生态文明理念。

★ 活动准备

1. 学生准备：在上节课中掌握数字故事的定义，了解数字故事的常用表现形式及特点，明确视频类数字故事的制作要求。

2. 教师准备：从上节课探讨的几个待选主题中确定某一个主题作为本节课的主线进行设计；准备任务清单表、具备网络环境的多媒体教室等。

★ 活动步骤

1. 选择主题

任务一：确定主题——探讨并确定课题相关的主题

每一个小组商量确定一个主题，从为生态文明、环境保护等方面进行选题立题。小组讨论、填写"我们的主题"，并设计次一级小主题。

我们的主题	我们的小主题
	1. 2. 3. 4.

教师以上节课"垃圾分类，从我做起"为主题，做简单的引领讲解，如表1所示。

表1 作品主题确定

欢欢的主题	欢欢的小主题
垃圾分类，从我做起	1. 垃圾分类的意义 2. 如何正确地进行垃圾分类 3. 取得的成效及存在的问题

2. 需求分析

任务二：需求分析——小组探讨完成需求分析表

每一个小组确定一个主题后，讨论确定主题的对象和目标、内容和形式以及实现过程。小组分工协作,并完成下表,由"书记员"填写,"讲解员"作汇报。

待选主题	要素	方式或方法
1. 低碳生活 2. 节约用水 3. 保护野生动物 4. 传承保护"非遗文化" 5. 其他	对象和目标	
	内容和形式	
	实现过程	

教师讲解:根据"垃圾分类,从我做起"主题,制作出需求分析表,如表2所示。

表2 "垃圾分类,从我做起"需求分析

主题	要素	方式或方法
垃圾分类,从我做起	对象和目标	向师生展示自己的视频类数字故事,学习如何进行垃圾分类,提高大家的环保意识
	内容和形式	以视频短片的形式介绍垃圾分类的重要性及其意义,激励大家热爱祖国,保护我们的生态环境
	实现过程	通过多种途径和方法搜集与主题有关的素材,选取一款简单实用的视频编辑软件来加工和处理素材

3. 规划设计

在制作视频类数字故事之前,还需要对作品进行规划,整理出实现作品的每个步骤和具体实施办法。

任务三:规划设计——小组讨论如何规划设计视频类数字故事

(1) 整体规划

以表 1 为规划设计的框架基础,讨论完善自己小组作品的基本框架。由"书记员"填写,"讲解员"作汇报。

教师讲解:"垃圾分类,从我做起"这个视频中着重呈现三个小主题,可以将三个小主题整理成作品的基本框架,如表 3 所示。

表 3 作品基本框架

欢欢的主题	欢欢的小主题
垃圾分类,从我做起	1. 垃圾分类的意义 2. 如何正确地进行垃圾分类 3. 取得的成效及存在的问题

(2) 内容设计

根据作品基本框架,设计出每个小主题的主要内容,如表 4 所示。

表 4 内容设计

小主题	小主题中的内容
1. 垃圾分类的意义	a. 减少环境污染 b. 节约土地资源 c. 再生资源的利用
2. 如何正确地进行垃圾分类	a. 可回收垃圾 b. 有害垃圾 c. 湿垃圾 d. 干垃圾
3. 取得成效及存在的问题	a. 进行垃圾分类所取得的成效 b. 分析存在的问题,寻求解决办法

(3) 脚本设计

确定故事小主题的内容后就可以编写脚本了。可参照教材中,欢欢为"垃圾分类的意义"编写的脚本,如表 5 所示。

表5 脚本规划

主题	内容	画面	时间	配乐
垃圾分类的意义	减少环境的污染	播放各种垃圾污染图片	4秒	贝多芬《命运》
		显示数据：因污染导致的疾病、生态破坏以及经济损失等	2秒	
		字幕：减少环境污染，刻不容缓	2秒	
	再生资源的利用	垃圾未分类时，手工分拣垃圾的场景视频	4秒	《田园》
		垃圾分类后，分拣垃圾的场景视频	4秒	
		塑料袋造成的"白色污染"视频	3秒	
		回收后的塑料袋，加工再生为塑料篷之类物品的视频	2秒	
		玻璃，纸张等资料的回收、再生视频	4秒	
		显示数据：再生资源带来的经济利益等	2秒	
……	……	……	……	……

任务四：脚本设计——确定小主题故事的具体内容并写好脚本

① 在每小组确定的主题下，设计出了几个小主题故事的具体内容。

② 确定故事小主题的内容后编写好脚本。

★ 活动成果

学生按照自己的小组立题完成了前期的规划，并为下次课的素材采集、作品的集成以及发布评价做好了准备。

学生分组讨论一

学生分组讨论二

项目清单（第一页）

项目清单（第二页）

★活动资料

数字故事

随着计算机及网路技术的高速发展,数字化终端已走进千家万户,数字故事也渐渐被人们所熟知。数字故事是数字化讲故事的简称。它有很多种定义,一般来说就是把讲故事的艺术与多媒体素材(文本、图片、音频和视频等)结合在一起,形成的一种新的讲故事的方式。

数字故事按照创作的软件可以分为演示文稿类数字故事、视频类数字故事和动画类数字故事。演示文稿类数字故事以演示文稿软件(如"WPS演示"或"PowerPoint")为创作工具,按照逻辑顺序,将素材结合在幻灯片中,就形成了演示文稿类数字故事。视频类数字故事以视频编辑软件为创作工具,按照故事情节的发展顺序,将素材结合并编辑为一段视频,就形成了视频类数字故事。动画类数字故事是以动画制作软件为创作工具,按照时间的先后顺序将素材添加到时间轴中,并给素材设置各种动画效果最终形成的作品。

三种类型数字故事的特点如下表所示。

数字故事特点

类型	演示文稿类数字故事	视频类数字故事	动画类数字故事
结构组成	封面、主题、封底	片头、主题、片尾	片头、主题、片尾
所需素材	文本、图片、音频、视频	文本、图片、音频、视频	文本、图片、音频、视频
呈现方式	幻灯片	视频	动画
制作软件	WPS 演示、PowerPoint 等	视频编辑软件	动画编辑软件
制作难易度	简单	较难	较难
硬件要求	较低	较高	较高

案例 2

描绘美丽的大自然

活动意图

《描绘美丽的大自然》是义务教育教科书《信息技术》（川教版）的内容，本单元目的在于激励学生热爱生活、热爱大自然，通过对生活的体验，让学生明确维护美好的生态环境是我们每个公民的责任。通过本课的学习，让学生学会从自我做起爱护环境，树立社会新风尚，明确健康环保人人有责是我们每一个社会公民的必备美德。将环保主题的相关内容引入到信息技术教育中，目的在于帮助学生在认识世界之初，便建立起尊重自然和热爱自然的环境意识，帮助他们养成良好的、环保的生活习惯。

我们以适宜性为基准选择信息技术课程主题内容，"生活即教育"，在教育中获得知识、生活的能力、逻辑与运算的能力、创造能力、协作能力，树立自信心、学会遵守纪律、尊重他人等。良好的信息技术教育不仅仅是教会学生如何操作计算机，更多的是培养学生的动手能力、完善的性格和积极向上的心态，助力于他们将来的学习、生活和发展。

★活动年级

七年级

★活动目的

1. 通过与大自然亲近，让学生亲自体验生活，用心感受生活，尽情享受优美的环境对人类生活的影响，激发学生对大自然的爱护之情。

2. 以信息技术课堂教育为场景，通过对画图软件的学习，以及对工具使用方法的掌握，促进学生高效地掌握知识与技能；要求学生利用画图软件制作出高品质的作品，以增强其信息技术素养和信息技术能力。

3. 利用社会实践活动，激励学生走进大自然，并利用画图软件完美地描绘自己眼中的大自然，增强学生的信息技术素养和能力。

★活动准备

    1. 多媒体计算机教室、电脑自带画图软件
    2. 学生亲近大自然的活动图片及获奖图片
    3. 学生校园实践活动图片

★活动步骤

1. 亲近大自然

（1）展示学生亲近大自然的图片，引导学生走进大自然，了解大自然的美。

学生朗读："智者爱水，仁者爱山。我不是智者，我也不是仁者，但我却偏爱大自然的山山水水，在绿水青山、名山大川中找寻最美的风景。终于，我明白了，最美的风景不是灵动的水，亦不是沉稳的山，只有山水的融合才能交织出世间最美的景色！"这段关于绿水青山的美文，表达出作者身临大自然的感受。

（2）思考：看到美丽的自然风光，可以采用哪些方法记录它？

（3）引导学生使用画图软件，记录美景。

2. 技能学习，挑战自我

任务一：自主学习

（1）出示下列图形，看图识别工具。

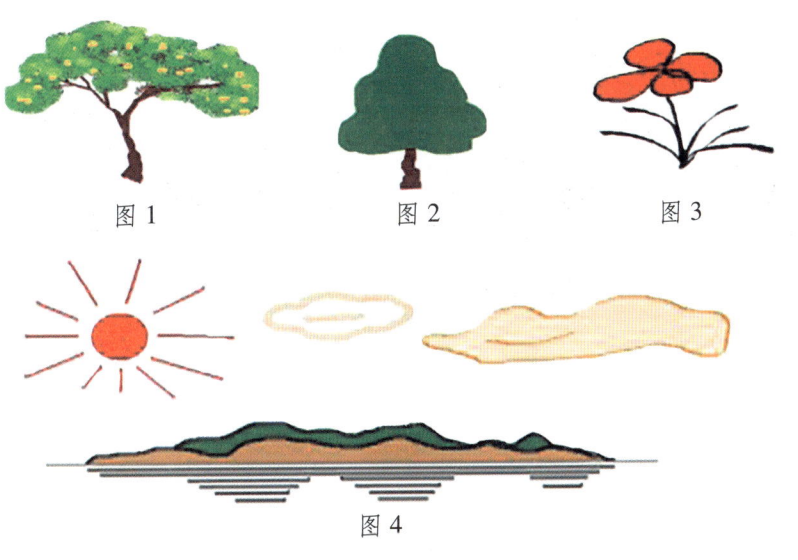

图1　　　　图2　　　　图3

图4

（2）引导学生观察图1，了解其画法。

（3）任务小结：

①如何选择"刷子"工具的大小和样式？

②在使用"颜色填充"工具时会出现哪些问题？

任务二：练习画图技巧，尝试百变造型

（1）尝试练习。

（2）任务小结："喷枪"工具色点大小、疏密的应用。

任务三：小组合作，共同进步

（1）要求学生练习完图1后，参照教科书中本课图5-3中所标示的顺序逐一尝试，期间教师巡视。

（2）重点回顾："颜色填充"工具只能够对完全封闭的区域进行填色。

任务四：深入探究，巩固练习

在亲近大自然、了解大自然之后，结合画图技巧的学习成果，利用画图软件创作自己的作品。

★ 活动成果

绿是生命的颜色（周琪霏）

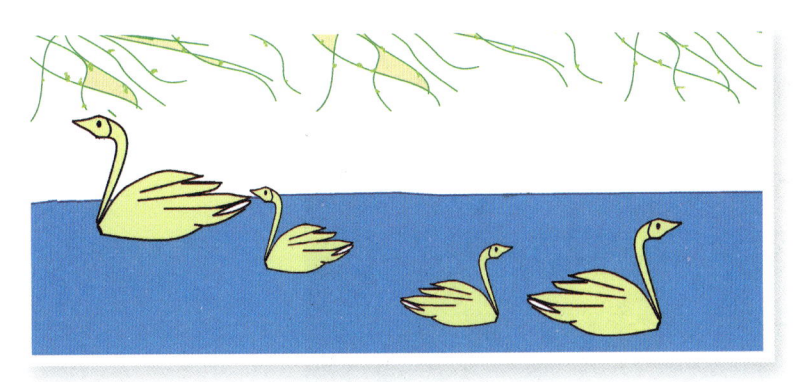

自然与和谐（周婧）

还大地一片绿色（吴佩欣）

丰收的喜庆（郭雨欣）

★ 活动资料

学生社会实践活动——
　寻找大自然的美丽

学生社会实践活动——
　爱护环境　我们在行动

学生社会实践活动——
　寻找大自然的美丽

学生社会实践活动——
　爱绿护绿　我们在行动

参考资料

[1] 中华人民共和国教育部. 义务教育语文课程标准（2011年版）[M]. 北京：北京师范大学出版社, 2011.

[2] 中华人民共和国教育部. 义务教育数学课程标准（2011年版）[M]. 北京：北京师范大学出版社, 2012.

[3] 中华人民共和国教育部. 义务教育英语课程标准（2011年版）[M]. 北京：北京师范大学出版社, 2012.

[4] 中华人民共和国教育部. 义务教育物理课程标准（2011年版）[M]. 北京：北京师范大学出版社, 2011.

[6] 中华人民共和国教育部. 义务教育化学课程标准（2011年版）[M]. 北京：北京师范大学出版社, 2012.

[7] 中华人民共和国教育部. 义务教育思想品德课程标准（2011年版）[M]. 北京：北京师范大学出版社, 2011.

[8] 中华人民共和国教育部. 义务教育历史课程标准（2011年版）[M]. 北京：北京师范大学出版社, 2012.

[9] 中华人民共和国教育部. 义务教育生物学课程标准（2011年版）[M]. 北京：北京师范大学出版社, 2011.

[10] 中华人民共和国教育部. 义务教育地理课程标准（2011年版）[M]. 北京：北京师范大学出版社, 2011.

[11] 中华人民共和国教育部. 义务教育音乐课程标准（2011年版）[M]. 北京：北京师范大学出版社, 2012.

[12] 中华人民共和国教育部. 义务教育体育与健康课程标准（2011年版）[M]. 北京：北京师范大学出版社, 2012.

[13] 中华人民共和国教育部. 义务教育美术课程标准（2011年版）[M]. 北京：北京师范大学出版社, 2011.

[14] 温儒敏. 义务教育教科书语文七年级上[M]. 北京：人民教育出版社, 2016年7月第1版.
[15] 温儒敏. 义务教育教科书语文七年级下[M]. 北京：人民教育出版社, 2016年11月第1版.
[16] 温儒敏. 义务教育教科书语文八年级上[M]. 北京：人民教育出版社, 2018年8月第2版.
[17] 温儒敏. 义务教育教科书语文八年级下[M]. 北京：人民教育出版社, 2017年12月第1版.
[18] 温儒敏. 义务教育教科书语文九年级上[M]. 北京：人民教育出版社, 2018年6月第1版.
[19] 温儒敏. 义务教育教科书语文九年级下[M]. 北京：人民教育出版社, 2018年12月第1版.
[20] 马复. 义务教育教科书数学七年级上[M]. 北京：北京师范大学出版社, 2013年6月第2版.
[21] 马复. 义务教育教科书数学七年级下[M]. 北京：北京师范大学出版社, 2013年12月第2版.

[22]马复. 义务教育教科书数学八年级上[M]. 北京：北京师范大学出版社，2014年7月第2版.

[23]马复. 义务教育教科书数学八年级下[M]. 北京：北京师范大学出版社，2014年12月第2版.

[24]刘道义，郑旺全，David Nunan. 义务教育教科书英语七年级上[M]. 北京：人民教育出版社，2013年6月第2版.

[25]刘道义，郑旺全，David Nunan. 义务教育教科书英语七年级下[M]. 北京：人民教育出版社，2012年10月第1版.

[26]刘道义，郑旺全，David Nunan. 义务教育教科书英语八年级上[M]. 北京：人民教育出版社，2013年6月第1版.

[27]刘道义，郑旺全，David Nunan. 义务教育教科书英语八年级下[M]. 北京：人民教育出版社，2013年10月第1版.

[28]刘道义，郑旺全，David Nunan. 义务教育教科书英语九年级[M]. 北京：人民教育出版社，2014年3月第1版.

[29]陈琳，Simon Greenall. 义务教育教科书英语七年级上[M]. 北京：外语教学与研究出版社，2012年7月第1版.

[30]陈琳，Simon Greenall. 义务教育教科书英语七年级下[M]. 北京：外语教学与研究出版社，2012年12月第1版.

[31]陈琳，Simon Greenall. 义务教育教科书英语八年级上[M]. 北京：外语教学与研究出版社，2013年7月第1版.

[32]陈琳，Simon Greenall. 义务教育教科书英语八年级下[M]. 北京：外语教学与研究出版社，2013年12月第1版.

[33]陈琳，Simon Greenall. 义务教育教科书英语九年级上[M]. 北京：外语教学与研究出版社，2014年6月第1版.

[34]陈琳，Simon Greenall. 义务教育教科书英语九年级下[M]. 北京：外语教学与研究出版社，2014年10月第1版.

[35]吴祖仁. 义务教育教科书物理八年级上[M]. 北京：教育科学出版社，2012年7月第1版.

[36]吴祖仁. 义务教育教科书物理八年级下[M]. 北京：教育科学出版社，2012年12月第1版.

[37]吴祖仁. 义务教育教科书物理九年级上[M]. 北京：教育科学出版社，2013年6月第1版.

[38]吴祖仁. 义务教育教科书物理九年级下[M]. 北京：教育科学出版社，2013年12月第1版.

[39]王晶，郑长龙. 义务教育教科书化学九年级上[M]. 北京：人民教育出版社，2012年6月第1版.

[40]王晶，郑长龙. 义务教育教科书化学九年级下[M]. 北京：人民教育出版社，2012年10月第1版.

[41]朱小蔓. 义务教育教科书道德与法治七年级上[M]. 北京：人民教育出版社，2016年7月第1版.

[42]朱小蔓. 义务教育教科书道德与法治七年级下[M]. 北京：人民教育出版社，2016年11月第1版.

[43] 朱小蔓. 义务教育教科书道德与法治八年级上[M]. 北京：人民教育出版社，2017年7月第1版.

[44] 朱小蔓. 义务教育教科书道德与法治八年级下[M]. 北京：人民教育出版社，2018年12月第2版.

[45] 朱小蔓. 义务教育教科书道德与法治九年级上[M]. 北京：人民教育出版社，2018年6月第1版.

[46] 朱小蔓. 义务教育教科书道德与法治九年级下[M]. 北京：人民教育出版社，2018年12月第1版.

[47] 齐世荣. 义务教育教科书中国历史七年级上[M]. 北京：人民教育出版社，2016年7月第1版.

[48] 齐世荣. 义务教育教科书中国历史七年级下[M]. 北京：人民教育出版社，2016年11月第1版.

[49] 齐世荣. 义务教育教科书中国历史八年级上[M]. 北京：人民教育出版社，2017年7月第1版.

[50] 齐世荣. 义务教育教科书中国历史八年级下[M]. 北京：人民教育出版社，2017年12月第1版.

[51] 齐世荣. 义务教育教科书世界历史九年级上[M]. 北京：人民教育出版社，2018年6月第1版.

[52] 齐世荣. 义务教育教科书世界历史九年级下[M]. 北京：人民教育出版社，2018年12月第1版.

[53] 刘恩山. 义务教育教科书生物学七年级上[M]. 北京：北京师范大学出版社，2015年12月第2版.

[54] 刘恩山. 义务教育教科书生物学七年级下[M]. 北京：北京师范大学出版社，2015年12月第2版.

[55] 刘恩山. 义务教育教科书生物学八年级上[M]. 北京：北京师范大学出版社，2015年12月第2版.

[56] 刘恩山. 义务教育教科书生物学八年级下[M]. 北京：北京师范大学出版社，2015年12月第2版.

[57] 樊杰. 义务教育教科书地理七年级上[M]. 北京：人民教育出版社，2012年6月第1版.

[58] 樊杰. 义务教育教科书地理七年级下[M]. 北京：人民教育出版社，2012年10月第1版.

[59] 樊杰. 义务教育教科书地理八年级上[M]. 北京：人民教育出版社，2013年6月第1版.

[60] 樊杰. 义务教育教科书地理八年级下[M]. 北京：人民教育出版社，2013年10月第1版.

[61] 张小梅，杜永寿. 义务教育教科书音乐七年级下[M]. 北京：人民教育出版社，2012年10月第1版.

[62] 庄曜，戴海云. 义务教育教科书音乐八年级下[M]. 南京：江苏凤凰少年儿童出版社，2016年11月第2版.

[63] 耿培新. 义务教育教科书体育与健康七年级全一册[M]. 北京：人民教育出版社,2012年6月第1版.

[64] 耿培新. 义务教育教科书体育与健康八年级全一册[M]. 北京：人民教育出版社,2013年6月第1版.

[65] 耿培新. 义务教育教科书体育与健康九年级全一册[M]. 北京：人民教育出版社,2014年6月第1版.

[66] 常锐伦,欧京海. 义务教育教科书美术七年级上[M]. 北京：人民美术出版社,2012年5月第1版.

[67] 常锐伦,欧京海. 义务教育教科书美术七年级下[M]. 北京：人民美术出版社,2012年11月第1版.

[68] 常锐伦,欧京海. 义务教育教科书美术八年级上[M]. 北京：人民美术出版社,2013年6月第1版.

[69] 常锐伦,欧京海. 义务教育教科书美术八年级下[M]. 北京：人民美术出版社,2013年11月第1版.

[70] 常锐伦,欧京海. 义务教育教科书美术九年级上[M]. 北京：人民美术出版社,2014年7月第1版.

[71] 常锐伦,欧京海. 义务教育教科书美术九年级下[M]. 北京：人民美术出版社,2014年11月第1版.

[72] 罗光春,郭斌. 义务教育教科书信息技术七年级上[M]. 成都：四川教育出版社,2019年8月第4版.

[73] 罗光春,郭斌. 义务教育教科书信息技术七年级下[M]. 成都：四川教育出版社,2020年1月第6版.

[74] 罗光春,郭斌. 义务教育教科书信息技术八年级上[M]. 成都：四川教育出版社,2020年8月第7版.

[75] 罗光春,郭斌. 义务教育教科书信息技术八年级下[M]. 成都：四川教育出版社,2019年12月第6版.